语言与性别研究
——日语流行词『女子力』的探讨

马雯雯 著

中央民族大学出版社
China Minzu University Press

图书在版编目（CIP）数据

语言与性别研究：日语流行词"女子力"的探讨 / 马雯雯著 . -- 北京：中央民族大学出版社，2024.9.
ISBN 978-7-5660-2389-6

Ⅰ. H363.3

中国国家版本馆 CIP 数据核字第 20247VS206 号

语言与性别研究：日语流行词"女子力"的探讨
YUYAN YU XINGBIE YANJIU: RIYU LIUXINGCI NUZILI DE TANTAO

著　　者	马雯雯
策划编辑	赵秀琴
责任编辑	艾　帅　高明富
封面设计	舒刚卫
出版发行	中央民族大学出版社
	北京市海淀区中关村南大街 27 号　　邮编：100081
	电话：（010）68472815（发行部）　　传真：（010）68933757（发行部）
	（010）68932218（总编室）　　　　　（010）68932447（办公室）
经 销 者	全国各地新华书店
印 刷 厂	北京鑫宇图源印刷科技有限公司
开　　本	787×1092　1/16　印张：12
字　　数	182 千字
版　　次	2024 年 9 月第 1 版　2024 年 9 月第 1 次印刷
书　　号	ISBN 978-7-5660-2389-6
定　　价	59.00 元

版权所有　翻印必究

前　言

2020年12月我向日本筑波大学人文社会科学研究科提交了博士论文，时光荏苒，3年后的12月，以博士论文为基础的本书也即将出版。又是一个12月，这个巧合可算作一个"小确幸"。

本书从"语言与性别"的视角出发，聚焦日语流行词"女子力"，从语言的角度探讨了"女子力"与性别的关联。"女子力(じょしりょく)"一词于2000年左右出现在日本漫画家安野（moyoko，安野モヨコ）的漫画中，之后迅速在日本的网络、杂志、电视等媒体上流行，并于2009年成为日本一年一度的新词、流行词大奖的候补词语。如今，"女子力"已经成为日本民众语言生活中的常见词语，其使用也逐渐稳固。"女子力を測ってみよう（测测女子力）"等与"女子力"相关的语言表达常见于网络、杂志以及日常交谈中。"女子+力"从字面可以看出，"女子力"是与性别及能力相关的词语。那么，作为新词出现的"女子力"，其所承载的性别因素也是新的吗？"女子力"到底是什么样的能力？"女子力"与日语既存概念"女性らしさ（女性气质）"又有什么样的关系？本书的论述将围绕这些问题而展开。

本书没有像以往的词汇研究那样，将分析的重点放在词汇的量性特征及系统特征上，而是以语言与性别连接点上的"女子力"为分析对象，从内涵特征、日常使用特征、评价者的评价情况出发，对其进行了多维度的分析与考察。本书的理论基础具有跨学科的特点，同时，在论述方法上也采用了跨学科及跨领域的研究方法，比如在论述"女子力"在"力"的派生词系统中的定位时，主要采用的是词汇学研究方法，但在论述"女子

力"的使用情况时，则借鉴了语用学的研究方法。

"女子力"看似简单、随意，但可以说是当下日语性别表达的关键词，通过它可以了解日本社会的性别观念等问题。"女子力"虽然作为新词出现在21世纪，但它与日语既存概念"女性らしさ（女性气质）"密切关联。它既像是"女性气质（女性らしさ）"的同义词又像是反义词，它的出现既可以打破人们对于"女性气质（女性らしさ）"的固有认知，在瓦解日本社会根深蒂固的性别观念上起到积极作用，但与此同时，它又在建构以及巩固对于女性的性别规范。"女子力"出现在"赞赏、调侃、忠告"等日常语言互动中，具备"女子力"的受到表扬，欠缺"女子力"的受到调侃与忠告。无论是赞赏、调侃还是教育，这些语言互动行为无疑在建构与加固对于女性的性别规范。可以说，"女子力"是日本社会性别规范与女性气质的新载体。

马雯雯

2023年12月于北京

目　录

第 1 章　研究背景与研究目的……………………………1
　1.1 研究背景…………………………………………1
　1.2 研究目的…………………………………………3
　1.3 结构与各章主要内容……………………………4

第 2 章　日语"语言与性别"研究概况……………………6
　2.1 引言………………………………………………6
　2.2 语言和性别研究…………………………………6
　　2.2.1 语言使用和性别研究…………………………6
　　2.2.2 性别表达研究…………………………………9
　2.3 关于"女子（じょし）"的研究……………………16
　2.4 关于"女子力"的研究……………………………23
　2.5 本书分析对象的定位……………………………27
　2.6 本书的理论框架…………………………………28
　2.7 研究方法…………………………………………32
　　2.7.1 分析资料………………………………………32
　　2.7.2 分析方法………………………………………35
　2.8 本章总结…………………………………………36

第 3 章　"女子力"的内涵分析……………………………40
　3.1 引言………………………………………………40
　3.2 后缀"力"的派生词系统及"女子力"在其中的定位……40
　　3.2.1 后缀"力"的前人研究…………………………41

· 1 ·

3.2.2 分析对象 ··· 42
3.2.3 从词频看"力"的派生词特征 ······················· 43
3.2.4 "力"的派生词分类 ······································ 43
3.2.5 考察 ··· 52
3.2.6 "女子力"的定位 ·· 53
3.3 "女子力"的内涵特征 ··· 54
3.3.1 分析资料与分析方法 ···································· 54
3.3.2 认识"女子力"的契机 ·································· 55
3.3.3 语料库中的"女子力"与"女性らしさ（女性气质）" ··· 56
3.3.4 "女子力"的内涵 ·· 60
3.4 本章总结 ··· 70

第4章 "女子力"的相关词分析 ·································· 72
4.1 引言 ··· 72
4.2 分析资料与分析步骤 ··· 72
4.3 结果与分析 ··· 73
4.3.1 "女子力"的联想词 ······································ 73
4.3.2 形容"女子力"的词语 ·································· 78
4.3.3 "女性"的共现形容词 ·································· 81
4.3.4 "女性"的共现形容词与"女子力"的比较 ····· 88
4.4 本章总结 ··· 89

第5章 "女子力"的使用情况 ······································ 91
5.1 引言 ··· 91
5.2 分析材料与分析方法 ··· 92
5.3 从"说话人"视角看"女子力"的使用情况 ············· 93
5.3.1 分析材料 ··· 93
5.3.2 对象 ··· 94
5.3.3 "女子力"的具体体现（"说话人"视角）······· 95

5.3.4 具体表达及使用目的 …………………………………… 101
　　5.3.5 小结 ……………………………………………………… 105
5.4 从"听话人"视角看"女子力"的使用 ……………………… 106
　　5.4.1 分析材料 …………………………………………………… 106
　　5.4.2 使用"女子力"的人 …………………………………… 107
　　5.4.3 "女子力"的具体体现（"听话人"视角）………… 108
　　5.4.4 具体表达及使用目的 …………………………………… 111
　　5.4.5 对"女子力"的摇摆态度 ……………………………… 118
　　5.4.6 小结 ……………………………………………………… 121
5.5 关于"女子力が高いね（女子力真强）"的应答 ………… 121
　　5.5.1 分析材料 …………………………………………………… 122
　　5.5.2 分析 ……………………………………………………… 122
　　5.5.3 考察及小结 ……………………………………………… 127
5.6 本章总结 ……………………………………………………… 129

第6章 关于"女子力"的评价 ………………………………… 131
6.1 引言 …………………………………………………………… 131
6.2 "评价"与"评价表达"的定义 …………………………… 132
6.3 分析材料及分析框架 ………………………………………… 133
　　6.3.1 分析材料 …………………………………………………… 133
　　6.3.2 分析框架 …………………………………………………… 133
6.4 分析 …………………………………………………………… 135
　　6.4.1 围绕"女子力"评价的整体情况 ……………………… 136
　　6.4.2 围绕"女子力"的评价表达 …………………………… 137
6.5 分析小结 ……………………………………………………… 145
6.6 "女子力"的双面性特征 …………………………………… 147
6.7 汉语中的"女子力" ………………………………………… 148
6.8 本章总结 ……………………………………………………… 150

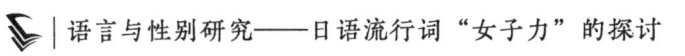

第7章 结语············154
　7.1 本书总结············154
　7.2 本书的意义············158
　7.3 展望············160

附录1 问卷调查············162
附录2 "力"的派生词············165
参考文献············172

第1章 研究背景与研究目的

1.1 研究背景

日语有"女子力（じょしりょく）"一词，该词于2000年左右首次出现在日本漫画家安野moyoko（安野モヨコ）的漫画中，之后迅速在日本网络、杂志、电视等大众媒体上流行，其使用群体、使用场景及使用媒介均迅速扩大。在此背景之下，"女子力"于2009年入选日本一年一度的"新词/流行词大奖"（新語・流行語大賞）的候补词语[①]。如今"女子力"已经成为民众语言生活中的常见词语，其使用情况也渐趋稳定。"女子力を測ってみよう（测测女子力）""女子力高いね（女子力真强啊）""女子力を上げる方法（提高女子力的方法）"等与"女子力"相关的语言表达不时出现在网络、杂志以及日常面对面的交谈中。从字面可以看出，"女子力"是一个与性别及能力相关的词语。那么，作为新词、流行词出现的"女子力"，其所承载的性别因素也是新的吗？

"女子力"是由"女子（じょし）"与后缀"力（りょく）"构成的派生词。这两个构词成分也决定了"女子力"同时蕴含性别因素及能力因

[①] 新词/流行词大奖（新語・流行語大賞）是日本自由国民社创立的奖项。据自由国民社介绍，这个奖会从一年中出现的各种各样的"语言表达"当中，甄选出能够巧妙地反映世态且吸引大众眼球的新词、流行词。选出之后，与该"词语表达"密切相关的人物或者团体会受到表彰。2004年，这个大奖由"新語・流行語大賞"改名为"ユーキャン新語・流行語大賞"。详情请参考https://www.jiyu.co.jp/singo/。

素①。在语义及语体色彩上,"女子"虽与"女性(じょせい)""女(おんな)""婦人(ふじん)"存在些许不同,但它们均是指称"女性"的词语②。日语后缀"力(りょく)"的造词能产性非常高,由其构成的派生词不胜枚举,有"影響力""想像力""経済力""語彙力"等。其中有一大部分在日常日语使用中比较常见,且为汉日同形同义词。但近年来日语后缀"力"构成的派生词当中,出现了一些新奇词语,这些新派生词通过大众媒体迅速升温、传播,成为风靡一时的流行词。比如"老人力""钝感力"等。"老人力"是由日本作家赤濑川原平创造的词语③,该词出现后迅速传播,成为吸引大众眼球的流行词,受到了日本社会的关注,该词于1998年获得了日本"新词/流行词大奖"。与"想像力"(日语)、"語彙力"相比,"老人力"的新奇点在于,表示人物的词语充当了其前接成分。而像这样表示人物的词语充当后缀"力"的前接成分的派生词中,除了"老人力",还有"女子力"一词。本书将聚焦于"力"的派生词中与性别相关联的"女子力"一词,对其进行多角度分析与考察。

关于后缀及其派生词的前人研究多集中在对构词、语义、用法等的分析,而本书将从语言与性别的角度出发,探析派生词"女子力"一词。区别于生理性性别,社会性别(ジェンダー)是在社会、文化、历史中建构起来的概念。在语言学领域,将性别这一角度纳入视野进行语言研究的成果有很多积累。其中,将词语表达与性别联系起来进行分析的前人研究多集中在两个方面:一,辞典及报纸上,女性表达与男性表达的不对称性;二,将"女子""女""女性"等冠以职业名前,表明从事该职业的人是女性的相关表达,譬如"女子○○(女○○、女性○○)"。这些研究有寿岳章子(1979)、田中和子(1984)、中村桃子(1995)、远藤织枝

---

① 日语后缀"力"有"りょく"及"りき"两种读法,本书提及的后缀"力"其读法为"りょく"。
② 日语的"女性(じょせい)"与汉语的"女性"属于同形同义词;日语的"女(おんな)"相当于汉语的"女人","婦人(ふじん)"相当于汉语的"妇女"。
③ "老人力"指的是"潜藏在健忘、絮叨、唉声叹气等人们避之不及的痴呆、软弱、衰老现象的未知力量"(赤濑川原平,1998)。

(1997)、佐竹秀雄(2001)、田中和子与女性·报纸媒介研究会(2006,2009a)[①]、徐微洁(2013a, 2013b)[②]等。那么,"女子(じょし)""女(おんな)""女性(じょせい)"这些词语与职业名词以外的词语搭配构成了哪些语言表达?这些语言表达又具备什么样的特征?本书将视角集中在与性别相关的"女子"一词上,将厘清其与后缀"力"构成的派生词"女子力"的特征。

"女子力"作为后缀"力"的派生词之一,在"力"的派生词系统里有着什么样的定位?与其他"力"的派生词相比,"女子力"具有什么样的特征?日语存在"女性らしさ(女性气质)"这一概念,"女子力"与其是否有关联?有的话,是什么样的关联?日常语言交流中的"女子力"呈现什么样的使用特征?"女子力"是如何被评价的?本书将围绕这些问题,展开论述。

1.2 研究目的

本书将揭示现代日语中与性别相关的词语表达的特征。具体而言,本书将对由"女子"及后缀"力"构成的派生词"女子力"的特征进行多角度考察。"女子力"作为新词、流行词在网络、杂志、电视等媒体以及日常面对面交流中频繁出现,可以说,其是现代日语中与性别相关的词语表达的关键词。同时,"女子力"与日语既存概念"女性らしさ(女性气质)"密切相关。本书通过对"女子力"所呈现特征的分析,明确"女子力"与日语既存概念"女性らしさ(女性气质)"的关联,同时阐明"女子力"与"性别规范"的关联。通过解决这些问题,为"语言与性别研究"作出贡献,为"词汇研究"探索新的研究方法。

本书研究的内容主要有以下几个。

内容1:通过分析"力"的派生词系统,厘清"女子力"在系统中的

[①] "女性·报纸媒介研究会"的日语名称为"女性と新聞メディア研究会"。

[②] "2013a"与"2013b"表示此处参考了论文作者在2013年发表的两篇论文,为便于区分按照"a"与"b"标记。下同。

定位；通过分析调查对象①对"女子力"的定义及解释，廓清"女子力"的内涵特征。（第3章）

内容2：通过分析"女子力"的联想词及能够形容、描述"女子力"的词语，明确"女子力"的关联领域以及"女子力"与日语既存概念"女性らしさ（女性气质）"的关联。（第4章）

内容3：明确"女子力"在日常语言交流当中的使用情况及其所呈现的特征。（第5章）

内容4：明确调查对象对"女子力"的评价情况。（第6章）

1.3 结构与各章主要内容

本书由7章构成。第1章（本章）阐述本书的研究背景及研究目的；第2章总结、评述前人研究成果；从第3章开始，阐述本书的分析结果。整体上，本书将通过回答两个问题展开论述，第一个问题是"女子力是什么"，第二个问题是"女子力是如何被使用及被评价的"。本书从第一个问题"女子力是什么"开始分析，这一部分旨在揭示"女子力"的内涵特征，特别是"女子力"与"女性らしさ（女性气质）"的关联。接着分析第二个问题"女子力是如何被使用及被评价的"，旨在明确"女子力"的使用情况及围绕"女子力"的评价情况。本书各章的联系如图1-1所示。

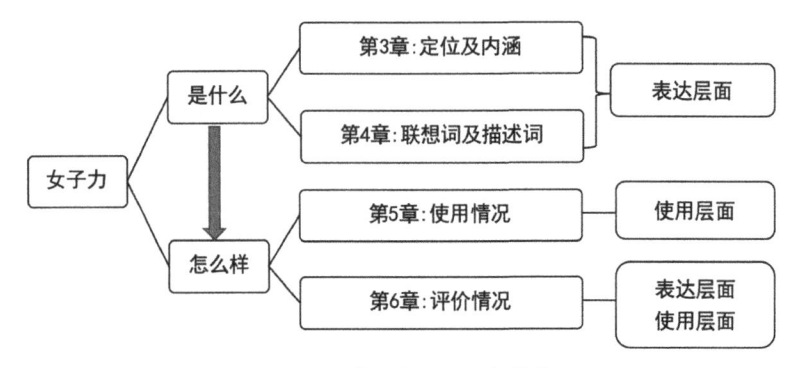

图1-1："女子力"的分析结构

---

① 本书的调查对象指的是问卷调查的回答者。

各章概要如下。

第1章，阐述本书的研究背景、研究目的及要解决的问题。

第2章，梳理评述前人研究成果，在此基础上阐述本书论述问题的定位，介绍本书的理论框架及本书的分析资料及分析方法。

第3章，阐述本书的分析结果，着重解决"女子力是什么"这一问题。首先，通过抽取《现代日语书面语均衡语料库》中的"力"的派生词，建立"力"的派生词系统，厘清"女子力"在"力"的派生词系统中的定位；然后，通过分析调查对象对"女子力"的定义及解释，廓清"女子力"的内涵特征。

第4章，继续聚焦"女子力是什么"这一问题。先通过分析"女子力"的联想词以及描述"女子力"的词语表达，明确"女子力"的关联领域及"女子力"与日语既存概念"女性らしさ（女性气质）"的联系；然后从"女子力"的联想词及能够描述"女子力"的词语中筛选形容词，将它们与具有中立语体色彩的"女性"的共现形容词进行比较，进一步揭示"女子力"的特征。

第5章，就"女子力是如何被使用及被评价的"这一问题进行分析。着重分析"女子力"的使用情况及其所呈现的特征。先从"说话人"的角度明确"女子力"的使用情况；然后从"听话人"的角度，厘清"女子力"的使用情况。

第6章，通过分析关于"女子力"评价内容中的词语表达，厘清"女子力"的评价情况，进一步廓清"女子力"的特征。

第7章，对本书的内容进行回顾总结，在此基础上阐述今后需要解决的问题。

第2章　日语"语言与性别"研究概况

2.1 引言

本章主要阐述日语"语言与性别"的研究概况及本书的定位。2.2节按照"语言使用和性别研究"和"性别表达研究"的顺序，介绍"语言和性别"的相关研究；2.3节梳理与"女子"一词有关的前人研究成果；2.4节介绍有关"女子力"的前人研究成果；2.5节阐述前人研究与本书研究内容的关系；2.6节、2.7节介绍本书的理论框架、分析资料及分析方法；2.8节是本章的总结。

2.2 语言和性别研究

中村桃子（1995）指出，语言学中的"语言和性别"研究可以划分为"言語使用とジェンダー研究（语言使用和性别研究）"及"ジェンダー表現研究（性别表达研究）"这两个方面[①]。本节主要对日语的"语言使用和性别研究"及"性别表达研究"进行梳理。

2.2.1 语言使用和性别研究

中村桃子（1995）指出，"语言使用和性别研究"主要阐释男性和女

[①] 中村桃子（1995）亦指出，这两个领域的界限无法作出清晰地划分，但因其主要研究对象及侧重点有所不同，因此，本节依旧将这两个领域分开，分别对其主要研究成果进行概述。

性在语言使用方法上的差异问题，即男性和女性在"发音、词汇、句子结构、说话方式等语言各个层面上的不同之处"（中村桃子，1995）。日语的"语言使用和性别研究"主要集中在对日语文末表达形式、人称词、话语、性别与语言意识形态关系的探究上。

将焦点置于文末表达形式的代表性研究有McGloin·花冈直美（1997）、小川早百合（1997）、尾崎喜光（1997）、铃木英夫（1998）、远藤织枝（2002）、水本光美（2006）、增田祥子（2016）等的研究。尾崎喜光（1997）以职场中男性及女性的交谈为语言资料，从"わ"的使用、"だ"的不使用、"だわ"的使用这三个角度，分析了男性和女性在交谈中使用的文末表达形式：第一，没有发现男性使用文末表达形式"わ"的现象，虽然在女性的话语里发现了文末表达形式"わ"，但是使用频率非常低，因此可以说，"わ"呈现使用衰退迹象。第二，日语助动词"だ"在女性话语中依旧常见，且30岁以下年龄段"'だ'的不使用"现象呈现出衰退迹象，即越来越多的年轻女性开始使用文末表达形式"だ"。同时，助动词"だ"+终助词"わ"，也就是"だわ"这一文末表达不仅没有出现在男性的话语中，亦没有出现在女性的话语中，"だわ"已经接近"死语"，成为"旧的女性专用形式"。远藤织枝（2002）分析了男性口语的文末表达形式。她指出，男性即使在职场的闲谈中也频繁使用敬体。同时，男性在闲谈中也会使用一直被认为是女性专用的"あら""のよ""わ"这些文末词语。增田祥子（2016）对女性文末表达形式的使用情况进行了探讨，着重分析了尾崎喜光（1997）指出的三种语言现象，即分析了"わ"的使用、"だ"的不使用、"だわ"的使用20年来所发生的变化。增田祥子（2016）指出，历经20年，女性专用形式并未消失，依旧能看到它们存在于语言生活中，但在具体的使用上呈现出衰退的迹象，这种迹象在年轻人群体中表现得尤为明显。

聚焦人称词的相关代表性研究有金丸芙美（1993，1997）、樱井隆（2002）、小林美惠子（1997，2016）等的研究。樱井隆（2002）按照职场、场景、年龄、说话人的身份，分析了"おれ""ぼく"在男性话语中的使用情况。小林美惠子（2016）以自然交谈话语为资料，讨论了日常生活中

日语自称词的使用特征。她指出，从性别角度来看，女性主要使用"わたし""あたし"这两个自称词来指代自己，男性则主要使用"おれ""ぼく""わたし"这三个自称词来指代自己。同时，"うち""自分""こっち"的实际使用例子虽然比较少，但男性及女性均会使用这三个自称词来指代自己。小林美惠子（2016）同时指出，一般情况下，"名字""亲属称谓""昵称"常见于他人称呼自己，而用这种他人称呼自己的方式直接指代自己的情况在女性口语中比较常见，男性则很少使用。

对日语话语特征进行探讨的代表性研究有Ide（1990）、内田伸子（1997）、井出祥子（1997）、铃木睦（1997）、中岛悦子（1997）、因京子（2003，2006）等的研究。Ide(1990)使用"礼貌原则"及"位相语（语域）"的社会语言学常见分析框架，探讨了日语女性说话方式及男性说话方式的异同；铃木睦（1997）从"礼貌"及"言语行为"的视角出发，论述了日语中女性不常用的语言形式及其与礼貌的关系；中岛悦子（1997）分析了职场中男性和女性各自使用的疑问表达方式。她指出，以往被认为是男性或者女性专用的表达方式，正在逐步向中立的表达方式过渡，表现在语言上的男女性别差异在逐步缩小。因京子（2006）通过分析出现在小说、漫画、散文等载体中的性别标记形式，指出性别标记形式被当作一种策略而使用，它能够发挥各种各样的作用。

可以看出，上述代表性研究以分析女性说话方式以及男女说话方式的差异为主，而中村桃子（2001，2002，2006，2007a，2007b，2012）及宫崎あゆみ（2016）则从语言意识形态的角度出发，分析了男女语言差异形成的原因。譬如中村桃子（2006）探析了明治时代"女学生ことば（女学生语言）"的形成过程，她指出，"女学生ことば（女学生语言）"并非在女学生的语言实践过程当中自然形成，而是在明治时期经过建构形成。中村桃子（2007a）首先指出"女ことば（女性语）"是语言意识形态，是通过各种语篇建构起来的"信念、知识和规范"，在此基础上，通过分析镰仓、室町、江户以及近代等各个时代的语篇资料，阐释了"女ことば（女性语）"形成的历史过程，指出"女ことば（女性语）"随着时代政治发展和经济发展而发生变化，它在各个时代都发挥作用。

宮崎あゆみ（2016）在日本中学进行了长期的民族志研究，以此为基础，探讨了日本中学生的自称词使用情况。通过分析中学生对自身用某种特定自称词原因的解释与说明发现：学生们对于充分体现女性特征的"アタシ"评价较低，而对中性且用于非正式场合的"ウチ"评价更高；现在的女中学生也在频繁使用过去被认为是男性专用的"ボク""オレ"；"ボク""オレ"作为女性能使用的自称词被正当化，而当男性使用男性专用的"ボク"时，反而不受欢迎。同时，宮崎あゆみ（2016）认为，学生们对于语言实践的元话语解释与语言意识形态的变化密切相关。

2.2.2 性别表达研究

中村桃子（1995）指出，性别表达研究是就某种语言当中，性别是如何被表达的这一问题进行探析的研究领域。对于其具体的研究方向，中村桃子（1995）记述如下：

女を指すのに使われる言葉にはどのようなものがあるのか、それは男を指す言葉とどのように異なっているのか、それらの言葉はどのように女を表わしているのか、その異なり方は体系的にどのように捉えられるのか、なぜそのように異なった言葉が使われるようになったのか。// 用来指称女性的词语有哪些？它们与指称男性的词语有何差异？那些指称女性的词语是如何描述女性的？如何系统地把握男女指称词语的差异？为什么会使用不同的男女表达方式呢？

（中村桃子，1995；笔者译）

在日语性别表达研究当中，聚焦辞典和报纸上对女性带有偏见的词汇及表达的探讨居多。ことばと女を考える会（1995）以日语国语辞典为分析材料，探讨了隐藏在词条、释义、示例当中的对女性怀有偏见的现象。她们指出『岩波国語辞典』和『新明解国語辞典』[①] 对日语"女（おんな）"

[①] 『岩波国語辞典』第三版（岩波书店，1980年）、『新明解国語辞典』（三省堂，1983年）。

这个词条的释义均带有对女性的偏见。『岩波国語辞典』对"女（おんな）"的释义是"気持がやさしい、煮えきらない、激しくない等（性格温和、优柔寡断、不紧不慢等）"；『新明解国語辞典』对"女（おんな）"的释义是"狭義では、気が弱く、心のやさしい、決断力に欠けた消極的な性質の人をさす（狭义上来说，是指意志柔弱、心肠柔软、缺乏决断力，性格被动的一类人）"[①]。远藤织枝（1997）以一整年的报纸为材料，分析了出现在报纸人物介绍栏和杂志广告栏上的关于女性的词汇及表达，具体考察了这些关于女性的词汇及表达与关于男性的词汇及表达的不同之处以及该不同之处所隐藏的对于女性的不公平。比如，人物介绍栏中描述女性的词语仅有"負けず嫌い（不服输）"及"意地っぱり（固执）"等表示性格的词语以及"行動派（行动派）""肝っ玉かあさん（有魄力的妈妈）"等评价行动力及包容力的词语，而描述男性的词语多集中在评价那个人所拥有的智慧以及能力的词语上，比如"生き字引（活字典）""第一人者（领头羊）""アイデアマン（足智多谋的人）"等。同时，在女性的职业和地位之前加上"女性""主婦"等词语，标记女性性别的词语及表达也不在少数，比如有"女性副知事""女性エコノミスト（女性经济学家）""主婦作家"等。

中村桃子（1995）以"人＝男性观"及"女性＝性别观"的概念，综合分析了女性表达和男性表达的非对称性[②]。"人＝男性观"是指以男性为人类基准的观念，比如"僕""少年""兄弟""彼ら"等男性专用自称词及指称男性的词语也涵盖女性，作为一个总称词语使用。而"女性＝性别观"则是指将女性视为人类基准之外的存在，是强调女性仅由"女性性别"而定义的观念。佐竹久仁子（2011）从隐藏在词汇整体结构与构词中的性别意识形态、"男性语/女性语"这一概念中隐藏的词汇性别化

---

① 『岩波国語辞典』对于"男（おとこ）"的定义是"強くしっかりしている、激しい等（强大、坚定又勇猛）"；『新明解国語辞典』对于"男（おとこ）"的定义是"狭義では、弱い者をかばう、積極的な行動性を持った人を指す（狭义上来讲，是指那些保护弱者，积极行动的人）"。

② 日语为"人間＝男観""女＝性観"。

问题出发，论述了词汇和性别问题。她指出，词汇整体结构由"人は男である（人是男性）"以及"男性才是人（男が人である）"这两个语义规则的作用而性别化。同时，"男女""夫妻""父母""新郎新婦（新郎新娘）"等由两性组成的复合词与"上下""優劣""主従""良否（好坏）""善悪"等复合词具备相同的"价值评价模式"。这个价值评价模式的前项词均表示正面的积极价值，而后项词均表示负面的消极价值，因此，这一价值评价模式隐藏了男性价值较为优越的含义。另外，佐竹久仁子（2011）还指出，基于人们关于"顺序"的常识，从更加宏观的角度来看，这种价值评价模式的复合词隐含某种性别权力关系，因此这类复合词也会强化男性和女性之间的权力关系。日语中，对于在一些职业名词前冠以表示女性性别的"女性""女子""女""女流"，即"女性〇〇""女子〇〇""女〇〇""女流〇〇"这类词汇的探讨也有大量的积累，如寿岳章子（1979）、田中和子（1984）、佐竹秀雄（2001）、田中和子与女性・报纸媒介研究会（2006，2009a）、徐微洁（2013a，2013b）等的研究。其中，寿岳章子（1979）首先注意到这种语言现象，她指出，"女〇〇"是一种会让女性产生不愉快感觉的指称方式。"女〇〇"与"女性〇〇"及"女流〇〇"看似不同，其实它们之间并没有本质上的区别：

女でよくがんばっていますという賞讃の気持がある時は女性〇〇、あるいはもっと奉って、女流〇〇ということばを与え、でしゃばってせんでもいいことをするというひんしゅくの気持があるときは、女〇〇という。// 当女性有所成就，对其称赞时用"女性〇〇"，或更加奉承一些的"女流〇〇"。如果女性自吹自擂做一些多余及令人感到不愉快的事情时，就会称呼其为"女〇〇"。

（寿岳章子，1979；笔者译）

换言之，即使"女性〇〇""女流〇〇"比"女〇〇"看起来更加正式，但也仅仅是形式的不同，其本质是相同的，均隐含对于女性的偏见。

田中和子（1984）将"女〇〇""女性〇〇"命名为"女性冠词"，

在此基础上，指出这些"女性冠词"具有将女性从"男性=人类"的基准当中区分出去的特征。

佐竹秀雄（2001）对寿岳章子及之后出现的"女性冠词"的相关研究进行了综合叙述。在这基础上，探析了日常生活中人们对于"女性冠词"的认知情况以及使用意识，其在论文的开头，对结论进行了如下总结：

①「女〇〇」を「女性〇〇」などに言い換えることは根本的な解決にならない。//仅仅将"女〇〇"替换为"女性〇〇"不能从根本上解决问题。

②「女〇〇」「女性〇〇」にある偏見問題は、女性冠詞の研究として発展した。//"女〇〇""女性〇〇"隐藏的偏见问题，是通过女性冠词的研究得以推进。

③この二〇年間に「女〇〇」は減って「女性〇〇」が増えた。//在这20年，"女〇〇"的使用有所减少，而"女性〇〇"的使用有所增加。

④実際に使われる「女性〇〇」の多くは、新しさ、珍しさを意味している。//实际使用的"女性〇〇"的大多数含有新颖、新奇的意思。

⑤偏見の根本問題の解決はなく、ことばのすり替えが行われている。//偏见问题没有从根本上得到解决，仅仅进行了词语替换。

（佐竹秀雄，2001；笔者译）

田中和子与女性·报纸媒介研究会（2006，2009a，2009b，2011，2017）以朝日新闻、每日新闻、读卖新闻的朝刊及夕刊（半个月量）的内容为分析资料，探析了体现在报纸内容上的性别问题，并撰写了调查报告。该调查从1985年开始，每5年进行一次，其中，田中和子与女性·报纸媒介研究会（2017）为第6次调查的报告，这次报告从以下几个方面，分析了体现在报纸上的性别问题。

①「女性強調」…女性としての存在や役割をもっぱら強調し、女性であることを突出させて注目させる。//"强调女性"……一味强调

女性这个性别及突出女性这个角色，引起人们对于女性身份的关注。

②「女性隠し」…女性の存在を紙面の背景に退かせ、女性の姿をみえなくさせる。//"隐藏女性"……将女性定位成报纸内容的背景，隐藏女性的形象。

③「ダブルスタンダード表現」…女性を男性とは異なった規準を用いて表現する。//"双重标准表达"……使用与男性不同的标准来描述女性。

（田中和子与女性·报纸媒介研究会，2017；笔者译）

其中，"女性強調（强调女性）"是指：1）在报道女性的时候，倾向于在其职业或者身份之前冠以"女""女性""女子""女流"这样的"女性冠词"，以此来强调被报道的对象为女性；2）用"主妇""夫人"等词表明女性与他人的关系，以此强调女性这一性别；3）通过"女性气质""母亲角色""主妇角色"等表达方式强调对于女性群体的常见刻板印象，这样的表达方式有"清楚な美少女（清爽的美少女）""4人の子どもを持つ母でもある（有四个孩子的母亲）""主婦の視点でのアドバイス（家庭主妇视角的建议）"等。"隐藏女性"指的是倾向于将女性隐藏在背景中，具体表现之一就是，经常会将男性描述为一个家庭的代表，而将女性描述成男性的附属角色。比如，会有"○○さんの妻（某人的妻子）"这样的表达。同时，"女性隠し（隐藏女性）"还体现在使用隐含以男性为标准的词语上，这类词有"少年""青年""青少年"等。"ダブルスタンダード表現（双重标准）"一是会体现在报道男性和女性的时候，女性常接"さん"而男性常接"氏"[①]；二是当男性和女性具有相同地位和成果时：更倾向于从"業績·公的役割（成果、公共角色）"这一角度撰写内容报道男性，从"美·ケアの役割（美貌、守护角色）"这一角度撰写内容报道女性。换言之，即使是男性和女性具有相同的地位和成果，报纸在报道的时候也会采用不同的标准来撰写报道内容。

[①] 田中和子与女性·报纸媒介研究会（2017）指出，与"氏"比起来，"さん"更加日常，更具有亲切感，但"氏"更加权威，"さん"给人一种处于"氏"之下的印象。

田中和子与女性·报纸媒介研究会（2017）指出，"强调女性""隐藏女性""双重标准表达"这三类关于女性的偏见表达，虽然呈现减少的趋势，但以男性为隐性标准的表达形式仍然存在。此外，有关男性的表达方式上，现在的报道内容也会言及男性的服装及外貌，而在以前，男性的服装及外貌并不会受到关注。同时，现在的报道内容中也会出现强调男性性别的表达方式，即"男性〇〇""男〇〇"。因此，从总体上来看，在男性的报道内容上，出现了"多样化""女性化"的变化。

徐微洁（2012a，2012b，2013a，2013b，2013c）将"女子〇〇""女性〇〇""女流〇〇""婦人〇〇（妇女〇〇）""女〇〇"命名为"女性標示語（女性标示语）"。在此基础上，从语言学角度和社会学角度对报纸以及语料库中的"女性标示语"进行了分析与考察，其结果是：整体上来看，"女性标示语"呈现减少并向"女性〇〇"靠拢的趋势，"男性标示语"呈现增多的趋势。佐佐木瑞枝（2000，2003）讨论了与性别相关的词汇，列举了①"男盛り·女盛り（壮年男子、妙龄女子）"、②"愛嬌·かわいい·初々しい（招人喜欢、可爱、天真烂漫）"、③"雄々しい·男気·女々しい（英勇、男子气概、娘娘腔）"、④"駆け込み寺·大黒柱·総領息子（救助寺院、顶梁柱、长子）"①、⑤"縁遠い·出戻り·サラリーマン（关系疏远、返回娘家、男性职员）"、⑥"家政婦·看護婦（女管家、女护士）"、⑦"奥さん·鬼婆·売れ残り（夫人、老巫婆、剩女）"、⑧"親父·親分·やくざ（老头子、干爹、流氓）"、⑨"大根足·グラマー（萝卜腿、丰满）"、⑩"悪漢·英雄（坏人、英雄）"、⑪"狐·一匹狼（狐狸、一匹狼）"、⑫"あぐら·くすくす（盘腿坐、咪笑）"、⑬"オヤジギャル·キャリアウーマン（女汉子、职业女性）"、⑭"青二才·悪童（小毛孩、顽童）"、⑮"青臭い·高嶺の花（幼稚、高不可攀）"等15组与性别相关的词汇，并根据语义将这15组与性别相关的词汇划分为①因为性别不同意思就不同的表达、②女性和孩子理想性格的表达、③男性理想性格的表达、④男权社会产生的特有表达、父权社

---

① "駆け込み寺（かけこみでら）"原指江户时代帮助那些逃跑来的妇女与其丈夫成功离婚的寺院，现指为遇到困难的人提供帮助的人或者机构。

会残留下来的表达、⑤以性别分工为依据而产生的表达、⑥以性别分工为依据产生的女性职业表达、⑦称呼及其他表达（女性）、⑧称呼及其他表达（男性）、⑨男性正面/负面评价女性身体特征的表达、⑩形容男性的表达、⑪将女性或者男性比喻成某种动物的表达、⑫因文化差异产生的表达、⑬伴随男性与女性地位、角色变化产生的表达"、⑭因社会价值观的变化业已消失的表达、⑮"其他"这15类。在此基础之上，举例阐释了每个分类中词语产生的社会背景。佐佐木瑞枝（2006）指出，收录于佐佐木瑞枝（2002，2003）的女性相关表达均是男性视角下的产物，在这样的视角作用下，产生了许多男性心目中的理想女性形象及非理想形象。佐佐木瑞枝同时指出，日语中也存在女性将男性视作"物件"与"商品"的表达，比如，"濡れ落ち葉（跟屁虫、累赘）""アッシー君（唯命是从的人）"等词语①。佐佐木瑞枝（2018）将视点聚焦在21世纪，分析了与性别相关的词汇和表达。她在论文中首先强调，"ジェンダー（社会性别）"是指文化上的差异，是"男らしさ（男性气质）"与"女らしさ（女性气质）"的社会分类。在此基础上，分析了与性别有关的一些新的表达方式，并对其进行了分类。这些新的表达方式有"ワーキングママ（职业母亲）""オヤジギャル（女汉子）""キャリアウーマン（职业女性）"等。在具体分类上，"ワーキングママ（职业母亲）"属于"以性别分工为依据而产生的表达"，"オヤジギャル（女汉子）""キャリアウーマン（职业女性）"属于"伴随男性与女性地位、角色变化而产生的表达"。同时，这篇论文还指出，不仅是女性，男性也承受着隐藏在性别表达上的偏见，这些对男性带有偏见的表达有："じじむさい（邋里邋遢）"②"粗野（粗鲁）""なよなよ（软软弱弱）""女々しい（娘娘腔）""濡れ落ち葉（跟屁虫、累赘）""粗大ゴミ（粗大垃圾）"等。如果某个男性的行为不符合"男らしさ（男性气质）"等性别规范时，就会被评价为"女々しい（娘

---

① "濡れ落ち葉（ぬれおちば）"原意指潮湿的落叶怎么扫也扫不掉，现多指退休后的丈夫没有兴趣爱好，生活无聊，妻子走到哪里都要跟到哪里的状态。"アッシー君"是一个俗语，指的是女性可以招之即来挥之即去的男性。

② "じじむさい"指男性的服装、长相、态度等都显得非常老气。

娘腔)""なよなよ(软软弱弱)"等。

2.3 关于"女子(じょし)"的研究

本节主要梳理、评述关于日语"女子"的前人研究成果。"女子"一词是用来指称性别的词语。『広辞苑』(第七版)对"女子"是这样定义的：1)女の子、娘(女孩)；2)女、女性、婦人(女人，女性，妇女)。日语的"女子"多与教育相关的词语结合，组成如"女子教育""女子学校"这类复合词语。广井多鹤子(1999)从历史的视角出发，分析了"女子"一词被频繁使用的背景及它与教育相关的词语搭配使用的原因所在：

一婦一夫制や男女同権、女子教育の振興を主張した明治初期の啓蒙思想家の言論では、女よりも女子や婦人が好まれたものと考えられる。漢語の持つ堅さや格調の高さ、学術的なイメージのためか、明治初期の言論の場では、女に代わり女子が代表的な女性呼称として使われるようになる。1880年代後半に女子は「にょし」から「ぢょし」へと変化するとともに、女子教育の用語として定着し、女というよりも女の子のイメージが濃厚になっていくのだろう。//明治初期的启蒙思想家们提倡一夫一妻制与男女同权，主张振兴女子教育。他们的论述提及说，与"女人"这一词语相比，"女子"和"妇女"这两个词语更受欢迎。也许是因为汉语更具正式、格调高雅以及学术性的特征，在明治初期的论述中，"女子"代替了"女人"成为指称女性的代表性词语。在19世纪80年代后半期，"女子"的读音从"にょし"发展为"ぢょし"，其作为女子教育用词渐渐稳固，因此，比起"女人"一词，"女子"一词给人"女孩"的感觉更加强烈。

(广井多鹤子，1999；笔者译)

从上述广井多鹤子的分析可以看出，明治初期启蒙思想家主张振兴女子教育，他们的言论成为"女子"一词被频繁使用及作为女子教育词语被

固定下来的原因所在。远藤织枝（1983）也聚焦于明治时期，通过分析明治时期的辞典以及『女学雜誌』，考察了日语"女""女子""女性""婦人（妇女）""女流"的使用情况：在读音上，"女子"的读音从"にょし"发展成了"じょし"；在语义上，"女子"除了有"女の子（女孩子）"的意思之外，还可以指代"女性"；从年龄上来看，"女子"可指儿童时期到成人时期的女性；从使用方法上来看，"女子"与"女""女性""婦人（妇女）"不同，它有"女生、女孩"的意思，因此，其多与教育相关的词语结合构成复合词的情况较为常见。远藤织枝（1982）聚焦国语辞典以及报纸[①]，考察了"女""女性""女子""婦人（妇女）"这些指称女性以及"男""男性""男子""紳士"这些指称男性的词语。她指出，就如"女子の工員""女子職員"一样，"女子"可以当作修饰成分使用，但它不会像"…の女子"这样，作为独立成分使用。Nakamura，M（1990）以日语"女（おんな）"为主，分析了"女子""女性""婦人"这些常见的指称女性的词汇。其中，关于"女子"的论述如下：

The emphasis in *zyosi* on "childishness" implies negative meanings of clumsiness, immaturity, irresponsibility, or incapability. The use of *zyosi* to an adult woman means that the speaker regards the woman as immature. Thus, only superiors or associates would use *zyosi* to an adult woman. Therefore, *zyosi* co-occurs only with socially lower vocational terms such as ＿ *-syain*（employee）, ＿ *-zyuugyooin*（clerk）, ＿ *-paato*（part-time worker）, ＿ *-roodoosya*（worker）.// "女子"一词对"稚气"的过多强调，暗示了"女子"一词蕴含"笨拙""不成熟""无担当"或者"无能"这些比较消极的含义。对成年女性使用"女子"一词，意味着说话人认为那位女性是"不成熟"的。因此，一般只有上司和同事才会对成年女性使用"女子"一词。

---

① 分析对象包括『新選国語辞典』（小学館，1981）、『岩波国語辞典』（岩波書店，1980）、『学研国語辞典』（学研，1981）、『新明解国語辞典』（三省堂，1981）、『学研国語大辞典』（学研，1981）这5部辞典以及1982年的『朝日新聞』和『毎日新聞』其中1个月的所有版面。

基于此,"女子"一般和"社員""従業員""パート(兼职者)""労働者"这些地位比较低的词语搭配使用。

(Nakamura, M, 1990;笔者译)

徐微洁(2013a)以『朝日新聞』为分析资料,考察了"女性○○"这类词汇的使用情况、接续限制及其原因①。她指出,日语"女子"与"教育関連""スポーツ関連""職業関連"的词语搭配较多②;从词频来看,"教育関連""スポーツ関連""職業関連";从"女子○○"的使用情况可看出,即使到了现代,依旧存在男性无标而女性有标的情况,但"女子○○""男性○○"这样的"平衡表现(对称表达)"同时出现的情况也不在少数③。徐微洁(2013a)指出"女子○○"呈现这样的使用特征与两个方面的原因有关:一是语言因素,即"女子の語義(女子的语义)";二是社会因素,即受女权运动的影响、媒体工作指导方针的发布及报纸内容撰写方以及接收方所发生的变化。林玉惠(2009)以指称女性的汉日同形词"女子""女性""婦女""婦人"为研究对象,分析了它们在用法、语义以及由它们组成的复合词上的异同之处。其在论文中指出,日语的"女子"和汉语的"女子"在用法、语义及复合词的构成上存在不同之处:在复合词的构成方面,日语的"女子"和汉语的"女子"都与教育相关的词语搭配构成复合词语,譬如汉语和日语当中都有"女子教育""女子中学"这些词语,但日语的"女子"可以与表达"教育整体"和"教育团体中的成员"的词语搭配使用,而汉语中的"女子"只能和表示"教育整体"的词语搭配使用,不能和表达具体成员的词语搭配使用,比如,汉语中很少见"女子中学生""女子留学生"这样的表达。此外,汉语的"女子"

---

① 徐微洁(2013a)选取了2006年至2010年这5年当中,每年4月和10月的『朝日新聞』内容为分析材料。

② "教育関連"是指与"教育"有关的词语,如"女子中学生"等;"スポーツ関連"指与"体育"有关的词语,比如"女子選手"等;"職業関連"指与"职业"相关的词语,比如"女子職員"等。

③ 徐微洁(2013a)指出,"平衡表现"是指如"女優""男優""女子選手""男子選手""女性作家""男性作家"这一类对称表达。

亦很少和表示公司职员的词语搭配使用，如很少见"女子职员"这样的表达，而日语中"女子職員"这样的表达很常见。在语义上，汉语的"女子"和日语的"女子"均多指比较年轻的女性，但汉语中的"女子"亦可指年龄较大的女性，如"年华已逝的风尘女子"，而日语中的"女子"不包括年龄较大的女性。换言之，汉语"女子"的年龄范围要比日语"女子"的年龄范围更宽泛。

通过上述分析可看出，与"女子"相关的前人研究成果主要集中在对"女子"一词的使用情况、用法以及语义上的探讨。从语义角度看，"女子"有"女の子（女孩）"和"女（女人、女性）"这两个意思，其可指儿童期到成人期的女性（远藤织枝1983）。通过将"女子"和与之同形的汉语"女子"作对比分析后发现，日语的"女子"指称比较年轻的女性，而汉语中的"女子"不仅可以指称年轻女性还可指年纪较大的女性，汉语"女子"要比日语的"女子"年龄范围更加宽泛一些（林玉惠，2009）。在使用及用法上，日语中"女子"单独使用的情况比较少（远藤织枝，1983），其与教育相关的词语搭配使用的情况较多（远藤织枝，1983；林玉惠，2009；徐微洁，2013a）。同时，"女子"与职业以及体育运动相关的词语搭配使用，以此来标记性别的情况较多（徐微洁2013a）。日语"女子"一词过多强调"笨拙""不成熟""无能"这些消极含义，因此，上司和同事会对成年女性使用"女子"，并且"女子"与表达社会地位低的职业词汇搭配使用的情况较多（Nakamura，M，1990）。最后，从"女子○○"的使用可以看出，女性有标而男性无标的情况依旧存在（徐微洁，2013a）。表2-1为日语"女子"构成的复合词词例。

表2-1　由"女子"构成的复合词①

搭配词特征	主要研究	词例
教育相关	远藤织枝（1983）	女子教育、女子手芸学校、女子高等教育、女子職業学校、女子修技学校
	徐微洁（2013a）	女子生徒、女子高生、女子高校生、女子学生、女子中学生、女子大生、女子留学生
职业相关	徐微洁（2013a）	女子職員、女子店員、女子社員、女子アナ、女子刑事、女子従業員、女子工員、女子読者
体育相关	徐微洁（2013a）	女子選手、女子ゴルファー、女子ボクサー、女子コーチ、女子レスラー、女子主将

依据远藤织枝（1983）及徐微洁（2013a），笔者制作

通过上述分析发现，前人研究对日语"女子"的讨论已有一定程度的成果积累，而这些研究基本都是从语义以及共现词（搭配词语）的角度出发，对"女子"一词的语义特征以及其在使用、用法方面的特征进行了探讨。语言并不是一个封闭的系统，词语的语义及用法并不是一成不变的，而是在动态地发生变化。"女子"一词也不例外，它的语义已经悄然变化，学术界对此讨论也出现了新的角度。

2000年后，"肉食女子""理系女子（理科女孩）""カメラ女子（摄影女孩）"等"○○女子"及"女子力""女子会"等词语频繁出现在媒体上。『現代用語の基礎知識』从2014年开始，设置了"女子"这一类别，"女子"和"世相語""日本語事情""時代観察"并列，出现在大分类"時代・流行"下。在"女子"这个分类里，可以看到"オヤジギャル（女汉子）""森ガール（森女）""肉食女子""歴女（喜欢历史的女子）""ガールズトーク/女子会（女子会）"等与"女子"相关的词语。笔者对2014年开始出现在『現代用語の基礎知識』"女子"这个类别里的词语进行了统计，可总结为表2-2所示。

表2-2　由"女子"构成的复合词②

年份	复合词
2014	こじらせ女子、女子会、女子力、肉食女子、腐女子、ぽっちゃり女子、理系女子
2015	こじらせ女子、女子会、女子力、肉食女子、腐女子、マウンティング女子、理系女子
2016	女子会、女子力、肉食女子、腐女子、マウンティング女子、理系女子
2017	女子会、女子力、肉食女子、腐女子、マウンティング女子、理系女子
2018	女子力、肉食女子、モグラ女子
2019	女子力、肉食女子

依据『現代用語の基礎知識』（2014—2019年度版），笔者制作

这些新词、流行词中的"女子"与"女子生徒""女子選手"等词语中的"女子"的含义不同。对于后者，马场伸彦（2012）阐述如下：

「〇〇女子（ガール）」という言葉は、グループを括る基本属性となるだけでなく、それぞれの嗜好対象を媒介にして「仲間意識」を涵養し、他者との関係性を構築する鍵概念となっているのである。しかもその括りは内発的な「自称」であるために内側に閉じることはなく、社会的身分や年齢を超えてネットワーク状に結び付いていくのだ。//"〇〇女子/girl"这一词语，不仅具有概括整个团体的属性，同时也是一个以每个人的爱好为媒介培养"同伴意识"、构建人际关系的关键概念。同时，因这种聚集是自发性的、是可以"自称"的，所以这种聚集不是封闭的，而是超越了社会身份和年龄而连接在一起的网络。

（马场伸彦，2012：12；笔者译）

换言之，"〇〇女子"中的"女子"一词可以用来"自称"，在使用上没有年龄和身份的限制。此外，该词语也蕴含了与他人的"同伴意识"。河原和枝（2012）通过将"女子"与"婦人（婦女）""女性"比较，

分析了"女子"的语义变迁，指出"女子"的新用法是"日本社会将其既有的意思按照自己的方式重新解读"后的结果（河原和枝，2012）。同时，就像"女子会"所表达的那样，"女子"的新用法会让人们意识到女性之间存在的羁绊。从马场伸彦（2012）及河原和枝（2012）的论述可以看出，日语的"女子"已然被赋予了新的意义，具备了区别于既往意思的新义，而具有新义的"女子"在日本发展成为一种流行文化。在"女子"文化流行上，时尚杂志的作用不可小觑，其在"女子"文化流行趋势中起到了引领作用（米泽泉，2014）。米泽泉（2014）以时尚杂志为分析对象，论述了"女子"一词的诞生、发展以及蕴含的女性生存方式和价值观等。首先，米泽泉指出，1999年由宝岛社创刊的杂志 Sweet 以"28岁，一生'女子'宣言！"为理念，最先称呼那些已经不是"女の子（女孩）"或"女子"年龄段的女性为"女子"。这之后，日本社会出现了称呼那些传统意义上不再是"女の子（女孩）"的女性为"女子"的现象。Sweet 这本杂志引领着"女子""大人かわいい（大人可爱）"等时尚概念，以此向女性提供了超越年龄、超越身份以及打破常识的时尚概念。在此基础上，诞生了围绕"女子"的流行文化。时尚杂志宣传的"女子"不拘泥于"常识、年龄、立场"，其理念是：即使超过传统意义上"女子"的年龄、即使成为大人也依旧能够以可爱的风格生活，通过这样的方式，可从贤妻良母的规训中挣脱出来。

　　从上述关于"女子"的前人研究梳理中可以看出，前人研究在两个框架内对"女子"进行了探讨：一是与"女性""女""婦人（妇女）"并列，作为对女性的一般性称呼的"女子"。此框架内的"女子"一般会置于表示教育、职业、体育的词语前面标记性别，如"女子生徒""女子職員""女子選手"等词语。本书将此框架内的"女子"称为"一般呼称としての'女子'（作为普通称呼语的'女子'）"。二是被赋予新义、作为新词/流行词的"女子"。本书将此框架内的"女子"称为"新語としての'女子'（作为新词的'女子'）"。"女子"的两种用法的主要特征可以总结为图2-1所示。

```
┌─────────────────────┐        ┌─────────────────────┐
│ 作为普通称呼语的"女子"│        │  作为新词的"女子"    │
└─────────────────────┘        └─────────────────────┘
         │                              │
❶女性的一般称呼语,具有"年轻"      ❶具有"自称"性质,超越年龄、身
 这一特征                          份、常识的限制
❷很少单独使用,一般和表示教育、    ❷与时尚、消费密切关联
 体育、职业的词语搭配使用
         │                              │
         ↓                              ↓
              ┌──────────┐
              │   女子    │
              └──────────┘
```

图2-1 "女子"的两种用法及其特征

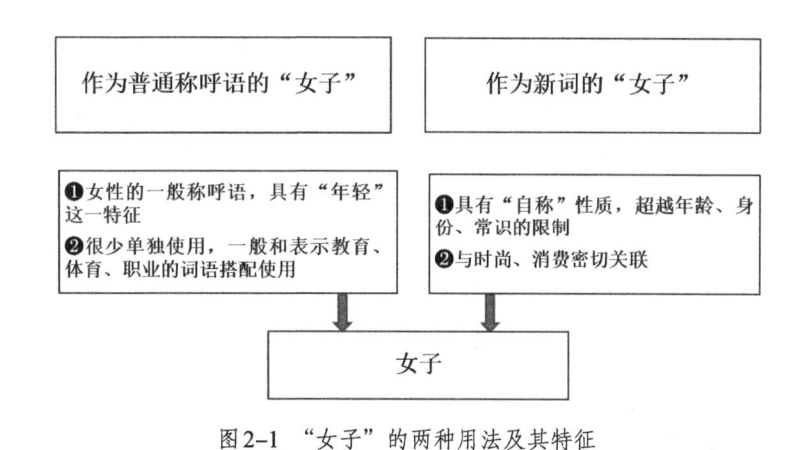

本书的分析对象"女子力"属于"作为新词的'女子'"的一员,因为"女子力"的"女子"也不是传统意义上的"女子",它的诞生也包括超越"常识、年龄、立场"这一背景。那么,前人研究对"女子力"又进行了怎样的讨论呢?

2.4 关于"女子力"的研究

本节主要对"女子力"的前人研究成果进行梳理与评述。自"女子力"出现后,学术界有多人对其进行了研究,如中岛晶子(2010)、河原和枝(2012)、米泽泉(2014)、近藤优衣(2014)、大上真礼和寺田悠希(2016)、菊地夏野(2016,2019)等。其中,中岛晶子(2010)的研究是语言学领域的研究,而河原和枝(2012)、米泽泉(2014)、近藤优衣(2014)、大上真礼和寺田悠希(2016)、菊地夏野(2016,2019)的研究属于社会学领域的研究。中岛晶子(2010)聚焦后缀"度、系、力",分析考察了新造词中"度、系、力"的用法。其中,"力"构成的新造词的用法有以下三种。

①語基が表す行為や属性を能力として表すもの、そして、ある行為と隣接関係にあるものを語基で示し、その行為ができるという能力を

表すものである。(例：営業力、スピーチ力、読書力、爆笑力、清潔力)//前附成分所表达的行为或者属性被当作一种能力。用前附成分表达出与前附成分处于邻接关系的行为，表示能够做到这个行为的能力。比如，"営業力""スピーチ力（演讲力）""読書力""爆笑力""清潔力"等词语。

②能力の担い手を表す語を指示することによって、そのような担い手がもつべき能力、もつことを期待される能力、あるいは第三者が活かすべき能力を表し、合成語の意味に当然さや義務といったモダリティを付与するものである。(例：女子力、患者力、市民力)//通过标明能力承担者，表示承担者应该具备的能力、被期待拥有的能力或第三者应该充分利用的能力。这类型的复合词被赋予"理所当然"和"义务"的情态意义。比如，"女子力""患者力""市民力"等词语。

③語基の表す否定的な意味合いを注目すべき能力として再定義するものである。(例：遊び力、孤独力、鈍感力、老人力)//前附成分所蕴含的消极意义被重新定义为值得关注的能力。比如，"玩耍力（遊び力）""孤独力""钝感力""老人力"等。

（中岛晶子，2010；笔者译）

中岛晶子（2010）主张，"患者力""女子力""市民力"这种类型的词语蕴含"理所应当和义务"的情态意义，故应从语用角度对其进行分析。这个主张本身非常具有启发意义。但是，新造词和既有造词的关联以及"女子力""患者力""市民力"这类词汇隐含的"能力主体"应该具备的能力特征以及被社会所期待应该拥有的能力的具体体现，尚不清晰。

河原和枝（2012）指出，"女子力"和消费联系密切，这是该词获得火爆影响力、迅速传播的原因所在，杂志里的"女子力"不仅仅是取悦男性的"能力"，其囊括了女性消费、生活文化、热点问题、职场能力等多方面内容。换言之，"女子力"不仅隐含指向男性的能力，同时隐含指向社会的女性综合能力。河原和枝（2012）同时指出，就像广告词"ツヤッと輝く四十代女子力（闪闪发光的四十代女子力）"所传达的一样，在打

破充满闭塞感的社会现状上,"女子力"也发挥了一定的作用。

米泽泉(2014)指出,撇开杂志的话,就不足以谈"女子"一词。米泽泉以杂志为材料,探析了"女子"的诞生、"大人女子"①等与"女子"相关的流行文化,指出杂志当中的"女子力"具有如下特点:

> ファッション誌の「女子力」とは装いの持つ力なのだ。装いの力としての「女子力」は、基本的に男性に向けられているものではない。むしろ、「女子」として生きていくための原動力となっているものである。装いの力によって、「女」は「女子」となる。妻や母といった社会的役割、良妻賢母規範を軽やかに脱ぎ捨てるファッション誌の「女子力」はもっと評価されるべきであろう。//杂志里的"女子力"是一种装扮的能力。作为装扮"能力"的"女子力"基本上不是面向男性的能力,反而是作为"女子"生存下去的原动力。通过这种装扮能力,"女人"会成为"女子"。时尚杂志里的"女子力"能让女性轻松挣脱"妻子""母亲"的社会角色及贤妻良母的规训,所以应该更加正面地评价杂志中的"女子力"。
> (米泽泉,2014;笔者译)

近藤优衣以256篇杂志文章为材料,对杂志里的"女子力"所指向的目标以及"女子力"的内涵进行了质性分析。近藤优衣指出,"女子力"所指向的目标可以分为四类,分别是"指向异性(男性)""指向自己""指向同性(女性)""指向工作"。"女子力"的内涵也因其指向的目标不同而存在差异,如表2-3所示。

表2-3 "女子力"的目标及其内涵

目的	内涵
指向异性(男性)	「美しさ」「家事スキル」「気が利くこと」により、モテ・恋愛・結婚が上手くいくこと。//凭借"美丽""家务技能""灵敏",受到男性欢迎,得到顺利的恋爱和婚姻

---

① "大人女子(おとなじょし)"是指即使过了传统意义上的"女子"的年龄,也依旧像"女子"一般心态年轻,同时也兼有大人的成熟。

续表

目的	内涵
指向自己	美しくなることで充足感を感じること。//因美丽而感到满足
指向同性（女性）	美しくなって女性を引き付ける力のこと。//美丽能够吸引同性
指向工作	1）女性の社会進出、男並みに働くこと；2）仕事の能力に結び付く「女子」的特性；3）仕事と家事・育児の両立。//1）女性步入社会并且与男性不分上下地工作；2）与工作能力相关联的一些"女性"特点；3）平衡工作与家务、育儿。

依据近藤优衣（2014），笔者制作

近藤优衣（2014）强调，以这些目标为导向的"女子力"与女性的社会参与相关联，从这一点来讲，它的出现对于女性主义也许是一种希望、是具有积极意义的。但与此同时，"女子力"也隐含迎合男性、过分执着于美丽的价值观以及家务与育儿双重负担的强加等消极意义，从这点来讲，"女子力"依然存在一些问题。

菊地夏野（2016，2019）通过问卷调查的方式收集了关于"女子力"的资料，对"女子力"进行了探讨。菊地夏野在论述了"女子力"的使用情况的基础上，从女性主义角度出发，对"女子力"进行了考察。她强调，"女子力"这一词语是"ジェンダー規範と能力主義の結合（性别规范和能力主义）"的结合。同时，菊地夏野指出"ポストフェミニズム（后女性主义）"是指让人们认识到女性主义已经结束，将女性主义的价值观边缘化，从而重组关于性别和性取向的相关秩序的社会状况[1]，而"女子力"正是"后女性主义"在日本的具体体现。

大上真礼和寺田悠希（2016）对"女子力"与"男らしさ・女らしさ（男性气质、女性气质）"的前人研究进行了梳理与分析。她们指出，"女子力"是通过短时间努力，依据一些方法与手段可以后天获得、维持的东西，在这一点上，"女子力"与"女らしさ（女性气质）"是不同的。

从上述对前人研究的梳理可以发现，前人研究对"女子力"的分析与

---

[1] ポストフェミニズムは「フェミニズムを終わったものとして認識させ、フェミニズム的な価値観を周縁化し、それによってジェンダーとセクシュアリティの秩序を再編する社会状況」である。（菊地夏野，2019：98）

评价不尽相同。河原和枝（2012）对"女子力"抱有积极态度，从其主张可以看出，"女子力"不仅仅是为了迎合男性而存在的，也是代表社会综合能力的词语。同时，"女子力"在打破充满闭塞感的社会现状上也发挥了一定作用。米泽泉（2014）指出，"女子力"不是为了迎合男性而出现的，"女子力"能让女性挣脱贤妻良母等社会赋予女性的特定角色。米泽泉同时强调，从这个意义上来看，"女子力"应该得到正面评价。从近藤优衣（2014）的主张可以看出，"女子力"虽然蕴含积极意义，但也隐含"迎合男性、执着于美丽、家务与育儿的双重负担"等消极意义。菊地夏野（2016，2019）与米泽泉（2014）的主张不同，她指出"女子力"是"性别规范与能力主义的结合"，同时也是"后女性主义"在日本的具体体现。大上真礼和寺田悠希（2016）对比了"女子力"与"女性气质"，指出"女子力"区别于"女性气质"的特点是："女子力"是可以通过短时间努力，根据一些方法与手段后天获得、维持的能力。

2.5 本书分析对象的定位

本小节主要总结本书与前人研究的关联及本书分析对象的定位。

首先，通过对前人研究的综述，发现"性别表达研究"主要聚焦于对"女子〇〇"的讨论。同时，前人研究亦着重讨论"女子"的语义及用法。在讨论它的语义及用法的时候，经常会将"女子"与其近义词"女性""女""妇人（妇女）"及与其相对的词语"男子"置于一起进行对比分析。本书将这个讨论框架下的"女子"称为"作为普通称呼语的'女子'"。语言不是静止不变的，而是处于一个动态的变化过程当中。"女子"在这个变化过程中也被赋予新义，它的用法亦出现了一些变化，对于它的一些学术讨论也扩展到杂志里的"女子"以及由其构成的新造词。本书将在这个讨论框架下的"女子"称为"作为新词的'女子'"。本书的分析对象"女子力"属于"作为新词的'女子'"这个框架内的成员，它是"作为新词的'女子'"与后缀"力"组合而成的派生词。

此外，使用社会学研究方法对"作为新词的'女子'"以及"女子力"

进行探讨的研究居多，但语言学研究方法能够从更加微观的角度把握"女子力"的特征，基于此，本书将使用语言学研究方法对"女子力"进行多角度探讨。

2.6 本书的理论框架

本书将借用词汇学理论、社会性别理论、语用学理论以及评价理论对"女子力"进行探讨。

从构词角度来看，本书的分析对象"女子力"是后缀"力"与"女子"组合而成的派生词。基于此，本书在分析过程中将会使用词汇学理论。

斋藤伦明（2016）指出，词汇是词语的集合，这个集合中的每一个词语都为"語彙素（词位）"。斋藤伦明强调词汇学以词汇以及它的组成成分"語彙素（词位）"为研究对象，它注重分析词汇以及"語彙素（词位）"所具备的诸多特征。斋藤伦明（2016）指出，词汇学研究可分为"历时研究"和"共时研究"。"历时研究"是从历史的角度研究语言，而"共时研究"分为"計量語彙論（计量词汇学）"和"語彙体系論・分類論（词汇系统学与分类学）"。其中，"计量词汇学"是研究语言的量性特征，而"词汇系统学与分类学"是研究语言的质性特征。本书的分析对象并非后缀"力"构成的整个派生词系统，而是这个系统里的组成成员之一"女子力"，但正如斋藤伦明（2016）所强调的那样，只有从整个词汇体系出发，才能准确把握某个词语的实质特征。因此，整体上来看，本书围绕"女子力"推进分析，但同时也会分析"女子力"所属的派生词系统。通过厘清"女子力"在派生词系统中区别于其他派生词的特点，才能更好地把握"女子力"的特征。另外，如上所述，词汇学的"共时研究"分为探讨词汇量性特征的"計量語彙論（计量词汇学）"和探讨词汇质性特征的"語彙体系論・分類論（词汇系统学与分类学）"，本书第3章在对"力"的派生词进行分析的时候，将从"分类"的视角出发，阐明"力"的派生词的系统特征及"女子力"在其中的定位。

高桥准（2014）指出，"gender"本来是印欧语系以及塞姆语系中用

来表示名词或者其他词语的阴性、阳性或者阴性、阳性、中性的概念，但在20世纪60年代以后，"gender"通过"第2波"女权主义，作为一个区别于既往生物性性别的概念进入人们的视野。它所表达的是在社会、历史、文化中形成的性别概念，即社会性别（高桥准，2014；中村桃子，2002）。性别研究领域有两个研究方法：一个是"本质主义"，另一个是"建构主义"。中村桃子（2002）强调，从"本质主义"立场来看，语言具备这三个特征：（1）因为性别是二元对立的，所以女性和男性使用不同的语言；（2）因为性别是属性，所以说话人的性别对其言语行为的影响是相同的；（3）因为性别存在于语言之前，所以说话人会因为自己是"女性"这一性别而进行某种特定的语言行为。从"建构主义"来看语言的话，语言具备这四个方面的特征：（1）性别是多样的；（2）性别是变化的；（3）性别不是内在的本质，而是主体能够主动进行的行为；（4）通过进行"语言使用"这一行为，能够能动地创造出多样的性别身份。

本书在前人研究的基础上，将性别的定义锁定在社会、文化、历史中形成的概念上，并且以中村桃子（2002）主张的"建构主义"的语言与性别的研究方法为前提，对"女子力"进行分析与考察。特别是第3章、第4章论述"女子力"与"女性らしさ（女性气质）"关联的时候，主要参照这一理论。

山冈政纪和牧原功、小野正树（2010）指出，在语言学的各个领域当中，"语用论"是探究说话效果的语言学分支。本书探讨"女子力"在日常会话中的使用情况，譬如探析日常会话中"女子力"的使用主体、使用对象及"女子力"发挥的语言效力等情况时，会在语用论的框架下讨论。与此同时，本书也会参考元语用（メタ語用）的观点。吉田理加（2011）强调，元语用就是阐释所做的事情（语用）是"借口"还是"辩解"等，能够让我们在不同的社会、文化、语言环境中，与他人进行恰当的沟通与交流。小山亘（2016）强调，元语用的一大特征就是"引用"[①]。坪井睦子（2016）、小山亘（2009）、Silverstein（1993）均指出，元语用中的引用

---

① 指直接引用和间接引用两种引用方式。

是将自己或者他人过去说过的话从当时的语境中分离后的"再现"过程。宫崎あゆみ（2016）、Hank（1993）指出，元语用和实际的语用虽然有不同的地方，但是这种针对语言行为的解释与说明并不是"二手材料"，它是和会话同样重要的语言资料。

如以下例子所示，本书收集到的"女子力"相关资料中，亦存在通过"引用"对"女子力"的具体使用语境进行解释与描述的方式。本书的第5章会聚焦于此类"引用"及伴随引用的附加解释，对"女子力"进行分析与考察。

例：

①飲み会の場でサラダを取り分けてくれた男友達にふざけて「女子力あるね」とほめた。照れていた。//聚会上，开玩笑地表扬了一下给我分沙拉的男生说："你真有女子力呀"。他当时有些害羞。

②母に女子力を磨きなさいと軽く言われた。面倒くさいな、と感じた。//妈妈轻微地嘱咐我说："要磨练女子力"。我当时觉得很麻烦。

③あんたも真似しろ！と冗談交じりに言う。//半开玩笑地说："你也学学吧！"。

评价理论（Appraisal theory）是由 Martin & White（2005）等提倡的理论，该理论由系统功能语言学（SFL）发展而来。对于"appraisal"一词，Martin（2000）有如下阐释：

The term appraisal will be used here for the semantic resources used to negotiate emotions, judgments, and valuations, alongside resources for amplifying and engaging with these evaluations.//"评价"是指用于协商情感、判断和评估价值的语义资源，以及用于扩大、缩小及参与这些"评价"的资源。

（Martin，2000；笔者译）

借用该理论进行研究的日语相关前人研究有：今西恭子（2006）、佐野大树（2010，2012a，2012b）、神田靖子（2013）、金光成（2014）、

关洋平（2014）等。今西恭子（2006）使用评价理论分析了体育报道中的"主观性"问题，其结论是：即使是相同的题材，"主观性"在不同报社报道内容上的体现也不尽相同，有比较客观的报道，也有一些报道在其内容中巧妙地融入了撰写者的主观看法，这种写法会给予读者戏剧性的印象。

佐野大树（2010）应用评价理论分析了评价表达的使用特征，其分析的资料来自收录在《现代日语书面语均衡语料库》中的"Yahoo!博客"内容。金光成（2014）使用评价理论分析了带有评价语义的日语复合动词，主要考察了这些复合动词的用法以及使用语境。譬如"装饰、粉饰（飾り立てる）"这个复合动词的评价语义与使用语境密切相关。同时，金光成（2014）指出可以依据评价理论对"笑い返す""吹っ切れる""包み隠す""変わり果てる"[①]等带有评价意义的复合动词进行分类，分类结果可以应用到日语教育中。神田靖子（2013）以博客内容为分析材料，应用评价理论分析了"草食男子"这个词语中隐含的过渡期男性气质的特点，其结论是："草食男子"这个词语隐含从传统"男性气质"中分离出来的新的"男性气质"。使用评价理论的英语前人研究分布在语言习得、谈话分析、学术写作等领域，具体的研究有Painter（2003）、Harvey（2004）、Derewianka（2007）等。

佐野大树（2010，2012a，2012b）使用日语示例对评价理论做了详细阐述，评价理论包括"形勢・やり取り（engagement，介入）"、"態度評価（attitude，态度）"、"程度評価（graduation，级差）"三大子系统[②]，它们各自的定义如表2-4所示。

[①] "笑い返す"可以直译为"笑回去"，是指一个人对另一个人笑了之后，另一个人也对其报以笑容。也有面对别人的嘲笑，不甘示弱地"嘲笑回去"的意思；"吹っ切れる"是指心中的纠结、郁闷得以消解；"包み隠す"是包庇、隐匿的意思；"変わり果てる"是指与之前相比大有不同，进入了一种不好的状态。

[②] 括号中的中文术语引自王振华（2001）。

表 2-4　评价理论子系统及其定义

子系统	定义
形勢・やり取り（engagement，介入）：評価者の立場と読み手・テクストのディスコースに含まれる第三者の立場との距離を示すことで表される評価である。//通过呈现评价者与读者/文本话语中第三方立场之间的距离而表达的评价	
態度評価（attitude，态度）：評価極性を示すことで表される評価であり、ここには感情表現を示すことで表される評価も含まれる。//通过表现评价极性来表达的评价，也包括通过情感表达实现的评价	
程度評価（graduation，级差）：漸次的な表現（「とても」・「すごく」など）を用いることで示される評価である。//通过使用（太、非常）等程度渐进的表达而实现的评价	

依据佐野大树（2010），笔者制作

从表2-4可以发现，评价理论的评价是通过呈现作者与读者及第三方立场的距离以及通过表明评价极性（肯定与否定）、情感以及渐进程度而实现的。本书着重分析调查对象对"女子力"持有态度的记述，因此，主要使用评价理论中的态度（attitude，態度評価）子系统来分析调查对象记述内容中的词汇及表达。态度子系统可进一步通过判断（积极评价与消极评价）、评价基准、直接表达与间接表达这三个角度来观察，在本书的第6章将对态度子系统进行详尽介绍。借用评价理论能够阐明"女子力"是如何被评价的以及评价中的表达是如何分布的，能够进一步厘清"女子力"的特征。

2.7 研究方法

2.7.1 分析资料

本书的分析材料一是来自问卷调查，即通过问卷调查收集日本年轻人对"女子力"的解释及评价等；二是来自《现代日语书面语均衡语料库》[①]。

本书问卷调查的回答方式主要采用文字记述型而非选择题型，即抛出问题，请调查对象直接记述自己的看法。采用这种回答方式的原因有三

[①]『現代日本語書き言葉均衡コーパス』（BCCWJ）。

个：一是因为本书着重分析"女子力"的内涵以及对"女子力"评价内容中的词汇以及表达等，需要调查对象用文字记述自己的想法；二是选择题型的调查形式可能会干扰调查对象的观点；三是本书不仅要分析"女子力"在日常生活中的使用形式，同时也要分析调查对象对于"女子力"使用场景的解释（元语用），需要调查对象记述"女子力"使用场景的具体情况。基于以上三个方面的原因，本书的问卷调查采取文字记述型而非选择题型。

结合本书的分析目的，此次问卷调查主要设置了以下9个问题。

问题1：「女子力」ということばを知っていますか。知っているなら、どのようにして知ったのかを教えてください。(選択肢あり)//您知道"女子力"这个词语吗？如果知道的话，请告诉我您是通过哪种方式知道的？(有选项)

问题2：問1で「知っている」と答えた方におたずねします。あなたが考える「女子力」とは何ですか。問1で「知らない」と答えた方におたずねします。「女子力」とは何だと思いますか。//在问题1回答"知道"的请回答：您所理解的"女子力"是什么？在问题1回答"不知道"的请回答：您觉得"女子力"是什么？

问题3：「女子力」から連想する形容詞を挙げてください。//请写出能从"女子力"这个词语联想到的形容词。

问题4：「女子力」に対してどのようなイメージを持っていますか。(選択肢あり)//您对"女子力"持有什么样的态度？(有选项)

①いいイメージ//很好

②どちらかというといいイメージ//比较好

③よくないイメージ//不好

④どちらかというとよくないイメージ//不太好

⑤特にイメージは持っていない//没什么想法

その理由//持有这种态度的原因：

问题5：「女子力」を表す形容詞を挙げてください。//请写出能够描述"女子力"的形容词。

问题6:「女子力」およびそれを含むことばを誰かに使ったことがありますか。ありましたら、どこで誰（性別、関係）にどんな言い方で使ったか、相手はどのような反応をしたかを具体的に教えてください。//您有没有对别人使用过"女子力"这个词语？有的话，您是在哪里、对谁（性别、关系）、以哪种表达形式使用的？使用后，对方的反应是什么？

问题7:「女子力」およびそれを含むことばを誰かに使われたことがありますか。ありましたら、どこで誰（性別、関係）にどんな言い方でその時の自分の反応を具体的に教えてください。//有没有人对您使用过"女子力"这个词语？有的话，是谁（性别、关系）、在哪里、以哪种表达形式对您使用了"女子力"这个词语？使用后，您的反应是怎样的？

问题8:「女子力が高いね」と言われたら、それに対しての返事はしますか。するなら、どのような発話をしますか。しないなら、その理由を教えてください。//如果有人对您说"女子力真强"这句话，您会对此作出应答吗？如果应答的话，您会回复什么？如果不应答的话，不应答的理由是什么？

问题9:「女子力」に関して考え方や意見があれば、自由にご記入ください。//关于"女子力"如果您有其他的想法，请自由填写。

此次问卷调查是在2019年8月至9月上旬进行的，调查对象来自日本东京圈某大学的本科生与研究生，共计64名，其中女生33名，男生31名。调查对象的年龄范围在15岁至30岁之间，将年龄锁定在这个范围的原因有两个：一是"女子力"作为新词/流行词出现，其使用主体多为年轻人；二是本书将聚焦于分析年轻人对"女子力"的解释、定义以及评价。

除了通过问卷调查收集材料，本书还利用了由日本国立国语研究所开发的语料库《现代日语书面语均衡语料库》（現代日本語書き言葉均衡コーパス）。据国立国语研究所介绍，《现代日语书面语均衡语料库》是为了掌握现代日语书面语的整体使用情况而开发的语料库，它是目前为止唯一一个能够使用的日语均衡语料库，总字数约为1亿零430万，包括书籍、杂志、报纸、白皮书、博客、网络布告栏、教科书、法律等多个领域的语

料。另外，语料库的检索工具使用Web检索软件"中纳言"[①]。本书在分析后缀"力"的派生词系统、"女子力"在"力"的派生词系统中的定位以及"女性"一词的共现词时，将使用《现代日语书面语均衡语料库》的语料进行分析与考察。

2.7.2 分析方法

本书整体上从两个层面出发，对"女子力"进行分析与考察，这两个层面分别是表达层面及使用层面。

在表达层面的具体分析上，首先从《现代日语书面语均衡语料库》抽出"力"的派生词，建立"力"的派生词系统，并对其进行分类。在此基础上厘清"女子力"在派生词系统里区别于其他派生词的特点，确定"女子力"的定位。接着，通过分析问卷调查收集到的调查对象对"女子力"的定义以及阐释，廓清"女子力"的内涵及其所呈现的特征（第3章）。第4章，首先分析问卷调查收集到的"女子力"的联想词以及能够描述、形容"女子力"的词语，以此来确定"女子力"的关联领域及"女子力"与"女性らしさ（女性气质）"的联系。在此基础上，聚焦于"女子力"的联想词以及能够描述"女子力"词语中的形容词，将它们与"女性"一词的共现形容词作对比，分析它们的相同点与不同点。这一部分分析的"女性"共现词来自《现代日语书面语均衡语料库》，通过文本型数据统计处理软件KH Coder抽取[②]。另外，不同的学者基于不同的角度，对"コロケーション（共现词）"进行了不同的定义。堀正广（2009）将共现词定义为：词语与词语之间的词汇、语义、语法等方面的习惯性共现关系；山田进（2007）将共现词定义为名词与动词（バラが咲く）、形容词/形容动词与名词（きれいなバラ）、副词与副词（ひっそり咲く）等分属不同词类的词语之间的搭配。本书基于山田进（2007）的定义，将共现词定义为不同词类词语之间的搭配。具体来说，就是指形容词（形容动词）与

[①] "中纳言"是检索语料库的Web软件，通过"短单位检索""长单位检索""文字列检索"三种检索方式，能够组合检索语料库中的词法信息。

[②] KH Coder是由樋口耕一开发的文本型数据统计处理软件。请参考樋口耕一（2014）。

"女性"这一词语的搭配。田野村忠温（2009）指出，共现词相关研究只有实际应用了才具有价值，如今共现研究成果实际应用到了语言教育研究、词汇研究、语法研究、词典编写等领域。笔者认为，共现词也可以应用到"语言与社会"这个研究领域。因此，本书将从共现词的角度来分析性别表达。

在语言使用层面的具体分析上，本书将聚焦分析问卷调查收集的记述型文字资料，重点分析围绕"女子力"使用（引用以及语境描述）的资料。在具体分析过程中，首先，着重分析"女子力"的使用对象以及使用对象的性别、使用对象与说话人的关系、"女子力"的具体体现；然后，从引用内容、引用动词等与引用相关的话语出发，分析"女子力"的使用语境、使用意图以及对方的反应等情况；最后，着眼于"女子力が高いね（女子力真强呀）"这一话语及对其的应答，分析调查对象对"女子力が高いね（女子力真强呀）"这句话的应答情况（第5章）。第6章，使用问卷调查的材料，以评价理论为框架，分析调查对象对"女子力"的评价。在具体分析过程中，以评价理论的态度子系统（attitude）为框架，从表现评价者情感（affect）的表达，表现"女子力"持有者的习惯、性格、行为的表达（judgment），阐释"女子力"内涵、使用情况、内容的相关表达（appreciation）出发，厘清围绕"女子力"评价表达的特征，以此进一步厘清"女子力"的特征。

2.8 本章总结

2.1～2.7节首先对前人研究成果进行了梳理与评述，然后介绍了本书使用的研究方法。

日语的性别表达并不是一成不变的，而是随着时代的变化在不断更新与变化。寿岳章子（1979）最先注意到"女性〇〇""女〇〇""女子〇〇""婦人〇〇（妇女）""女流〇〇"等强调女性性别的表达。在此之后，针对女性性别表达的研究有了大量的成果积累（田中和子，1984；佐竹秀雄，2001；田中和子与女性·报纸媒介研究会，2006、2017；徐

微洁，2013a、2013b、2014）。徐微洁（2014）指出，"女性〇〇""女〇〇""女子〇〇""妇人〇〇（妇女）""女流〇〇"的使用频率呈现降低趋势，总体上都在向"女性〇〇"靠拢；田中和子与女性·报纸媒介研究会指出，"男性〇〇"等强调男性性别的表达也在逐渐增加。从这些前人研究可以看出，只强调女性性别的语言现象出现了一些变化。此外，在一些职业的称呼上也可以看到一些变化。比如"看護婦"改为"看護士"，"保母"改为"保育士"，"スチュワーデス（空姐）"改为"客室乗務員（空中乘务员）"①。除了这些既有表达发生变化之外，日语中也出现了"森ガール（森女）""理系女子（理科女子）""草食男子""ワーキングママ（职场妈妈）""イクメン（奶爸）""キャリアウーマン（职场女性）""女子会"等新的性别表达。这些新的表达在更新、改变日语性别表达体系的同时，也体现了语言和性别的关联，而在这些新表达的传播过程中，媒体的作用不容小觑。

"女子力"并不是一开始就存在的词语，其作为一个新词2000年左右最出现在日本漫画家安野モヨコ的作品当中。之后，在各种媒介的作用下，"女子力"迅速升温、传播，其使用群体逐渐扩大，2009年成为日本"新词/流行词大奖（ユーキャン新語·流行語大賞）"的候补词语。"女子力"的"女子"和日语"女子学生""女子学校""女子職員""女子選手"等词语的"女子"不同，它是21世纪初期开始的"女子"文化潮流中的"女子"，在时尚杂志等媒介宣传的超越"常识、年龄、立场"及挣脱贤妻良母规范的理念下诞生。但超越"常识、年龄、立场"及挣脱贤妻良母的规范只是杂志等媒体所宣传的关于女性的价值观与生存方式，脱离纸面的"女子力"并不一定像媒体宣传的那般，以积极意义在日常生活中被使用与被接受。同时，用"女子力"宣传挣脱贤妻良母的规范既有积极的一面也有消极的一面，因为这无疑又通过"有女子力的人是这样的""没有女子力的人是那样的"类似话语建构一些关于女性的新规范。

如在前人研究综述部分所介绍的那样，日语性别表达研究着眼于探讨

---

① 变化之前的这些表达将此职业限定在女性这一性别上，但实际上从事这些职业的不仅有女性也有男性，变化之后的这些表达不再从语言层面将该职业限定在女性这个性别上。

指称女性与指称男性词汇的非对称性，同时，对那些存在女性偏见词汇的探析也居于多数。本书聚焦"女子力"这个词语，从多个角度对它的内涵、使用情况等进行分析与探讨。这是本书区别于前人研究的地方之一。"女子力"与"女子"密切关联，如在前人研究综述部分介绍的那样，前人研究主要在两个框架下对"女子"一词进行了探讨：一个框架主要讨论了传统意义上的"女子"的语义及其复合词"女子〇〇"所呈现的特征。在此框架内的前人研究着重探讨了性别表达的系统特征，少有研究对单个性别词语的特征进行多角度、全面地分析。此外，以系统为单位进行分析的时候，容易遗漏新词语。但与性别相关的新词才是不断更新日语性别表达、记录日语性别表达变化的重要部分。鉴于此，本书不会像前人研究那样从量性和系统出发考察性别表达，而是聚焦于"女子力"这一现代日语性别表达的关键词，从多角度出发，对其进行全面分析与考察。

如前人研究综述部分所介绍，"女子力"的相关前人研究一般都是从社会学视角出发对其进行探讨。譬如近藤优衣（2014）指出，"女子力"对于女权主义的推进具有积极意义，但"女子力"也隐藏"迎合男性"的价值观及增加女性家务及育儿负担等消极意义；菊地夏野（2016，2019）指出"女子力"是性别规范与能力主义的结合。从社会学角度对"女子力"进行探析的前人研究成果对把握"女子力"在女性主义思想脉络里的特征非常具有参考价值，但这些前人研究成果还未阐明"女子力"与日语既存概念"女性らしさ（女性气质）"的关联。此外，正如上面所叙述的那样，"女子力高いね（女子力真强啊）""女子力だね（是女子力啊）"不仅出现在媒体上，也出现在日常面对面的交流当中。但是"女子力"在日常交流中的使用情况及其所呈现的特征还未明晰。鉴于此，本书将从语言学的角度、从更加微观的角度出发，厘清"女子力"在表达层面及使用层面的特征。

本书使用语言学研究方法，从女子力"是什么"开始分析。如上述前人研究综述部分所述，"女子"可以划分为"作为普通称呼语的'女子'"以及"作为新词的'女子'"，而"女子力"的"女子"属于"作为新词的'女子'"，其内涵特征、使用情况、评价情况与"作为普通称呼语的

'女子'"是不同的。从构词角度来看,"女子力"是"力"的派生词系统中的一员,本书第3章首先聚焦于"力"的派生词系统,通过分析"女子力"区别于其他"力"的派生词的特点,厘清"女子力"在"力"的派生词系统里的定位。换言之,本书是以"女子力"为分析对象,但并不局限于"女子力"一词,第3章首先会通过分析"女子力"所属的派生词系统来阐明"女子力"的特征。在此基础上,着重分析"女子力"的内涵特征。第4章主要通过从"女子力"联想到的词语及能够描述"女子力"的词语,廓清"女子力"的关联领域。第3章与第4章主要分析"女子力"的静态特征。第5章开始,本书主要分析"女子力"的动态特征:"女子力"的使用情况以及对其的评价情况。"女子力"对男性是否可以使用?可以的话,男性对其是如何接受的?同一个调查对象作为"说话人"与"听话人"所阐释的"女子力"的使用情况是否相同?如果不同的话,其原因是什么?第6章,借用评价理论对围绕"女子力"的评价内容加以分析,厘清"女子力"的被评价情况及其体现出的"女子力"的特征。

第3章 "女子力"的内涵分析

3.1 引言

本章分析"女子力"的内涵。首先，3.2节检索、抽取《现代日语书面语均衡语料库》（BCCWJ）中"力"的派生词，构建"力"的派生词系统，以此确定本书研究对象"女子力"在"力"的派生词系统中的定位；然后，3.3节主要分析通过问卷调查收集来的数据资料，在分析过程中聚焦于文字资料中的语言标记[①]，厘清日本大学生、研究生对"女子力"的解释及定义，从而阐明"女子力"的内涵特征；最后，3.4节总结本章内容。

3.2 后缀"力"的派生词系统及"女子力"在其中的定位

后缀"力"与前附成分结合构成派生词，这些派生词表示"力、能力、作用（力・能力・はたらき）"等，譬如"遠心力""語彙力""経済力""影響力"等词语，这些词汇普通且常见。近年来，日语出现了一些具有特点的、新奇的"力"的派生词，这些词语有表示人物的名词与"力"构成的派生词，如"市民力、区民力、患者力"等词语；有表示"组织、社会"的词语与"力"构成的派生词，比如"地域力、学校力"等词语；还有"老人力""钝感力"等前附成分与"力"之间发生错配现象的词语。

---

① 本书说的语言标记（言語の標識）与「なんか」「じゃあ」等话语标记不同，本书指的是调查对象围绕"女子力"定义、阐释中的有特点的语言标记，从这些语言标记能够看出"女子力"一词蕴含的性别因素以及能力因素。

这些词语呈现出"力"的派生词富于多样性的特点。那么，从整个"力"的派生词系统来看，"女子力"具有什么样的特点？本节将对"力"的派生词系统中的词语进行分类，在此基础上，阐明"女子力"在整个"力"的派生词中的定位以及其呈现出的特点。

3.2.1 后缀"力"的前人研究

日语关于汉语词后缀及其派生词的研究成果颇丰[①]，其中大部分都是聚焦于"的（てき）、系（けい）、派（は）、化（か）、風（ふう）"等后缀的研究，比如王淑琴（2000）、影山太郎（2007）、山下喜代（2011，2015）、赵丽君（2013）等，关于后缀"力"的研究较少，有野村雅昭（1978）以及中岛晶子（2010）。

野村雅昭（1978）从"用法"这一角度出发，对所有汉语词后缀进行了分类，其中也涉及了后缀"力"的用法。按照"用法"进行分类的话，"力"属于"体言型"后缀，而在用法分类的下级分类，即语义分类中，后缀"力"属于表达"精神、抽象"这一语义的后缀。中岛晶子（2010）着眼于"度（ど）、系（けい）、力（りょく）"这三个后缀，分析了"度（ど）、系（けい）、力（りょく）"在新造词中所呈现的用法特征。其中，由后缀"力"构成的新词用法可以分为以下三类：

①語基が表す行為や属性を能力として表すもの、そして、ある行為と隣接関係にあるものを語基で示し、その行為ができるという能力を表すものである。（例：営業力、スピーチ力、読書力、爆笑力、清潔力）//前附成分所表达的行为或者属性被当作一种能力。用前附成分表达出与前附成分处于邻接关系的行为，表示能够做到这个行为的能力。比如，"営業力""スピーチ力（演讲力）""読書力""爆笑力""清潔力"等词语。

②能力の担い手を表す語を指示することによって、そのような担い

[①] 这里的汉语词后缀指"力（りょく）""風（ふう）""的（てき）""化（か）"等后缀。

手がもつべき能力、もつことを期待される能力、あるいは第三者が活かすべき能力を表し、合成語の意味に当然さや義務といったモダリティを付与するものである。(例：女子力、患者力、市民力)// 通过标明能力承担者，表示承担者应该具备的能力、被期待拥有的能力或第三者应该充分利用的能力。这类型的复合词被赋予"理所当然"和"义务"的情态意义。比如，"女子力""患者力""市民力"等词语。

③語基の表す否定的な意味合いを注目すべき能力として再定義するものである。(例：遊び力、孤独力、鈍感力、老人力)// 前附成分所蕴含的消极意义被重新定义为值得关注的能力。比如，"玩耍力（遊ひ力）""孤独力""钝感力""老人力"等。

（中岛晶子，2010；笔者译）

如上所述，中岛晶子（2010）将"力"在新造词里呈现的用法特征分为三类，这对于把握"力"的新造词的特征具有参考价值。但中岛晶子（2010）仅对新造词所呈现的用法特征进行了分类，未能呈现"力"的派生词的整体特征。因此，本节将对"力"的派生词进行分类从而把握"力"的派生词的系统、整体特征，并在此基础上厘清"女子力"在"力"的派生词中的定位。

3.2.2 分析对象

本节将利用检索语料库的web软件"中纳言"来筛选出国立国语研究所开发的语料库《现代日语书面语均衡语料库》（BCCWJ）中的"力"的派生词。具体检索过程中，使用"短单位检索"，指定主题词（キー）的词类为"名词"，指定共现词为主题词后的第一个词语，指定书写形式为"力"且读音为"リョク"。另外，指定检索年份以及领域为"所有"。

按照以上指定的条件进行检索后，共有27766条检索结果，笔者用Excel将主题词（キー）与"力"组合起来，除去重复的词语，最终得到1172条"主题词（キー）+力"的结果。但其中的"高+速力""無+能

力""本願力（リキ）"不属于本书的分析对象①，因此，需删除这些词语。将这些词语删除之后，共得到922个"力"的派生词，同时，这922个词语的使用总词频为26571次。

3.2.3 从词频看"力"的派生词特征

从3.2.2节得知，"力"的派生词系统中共有922个词语。那么，这些词语中，有哪些是被频繁使用的？本小节将从词频这一角度出发，把握"力"的派生词的整体特征。

从表3-1可以看出，在"力"的派生词系统里，"原子力"的词频最高，其次是"劳働力""影響力"。前50个词语的使用总词频达到19267次，约占所有"力"的派生词使用总词频（26571）的73%。因此，可以说"～力"的词语数量虽多，但是被频繁使用的词语仅局限在一小部分。

表3-1 "力"的派生词（词频前50位②）

	"～力"（55个词语）
前50位	原子力（4234）劳働力（2125）影響力（1072）競争力（962）想像力（714）説得力（613）軍事力（583）集中力（525）経済力（438）生産力（387）生命力（384）防衛力（372）技術力（372）判断力（331）抵抗力（302）記憶力（298）免疫力（283）行動力（265）指導力（243）表現力（224）攻撃力（211）拘束力（199）精神力（195）支配力（195）購買力（189）推進力（182）英語力（169）創造力（161）洞察力（150）思考力（144）治癒力（143）強制力（138）理解力（136）決断力（131）破壊力（130）抑止力（129）機動力（124）注意力（123）忍耐力（116）収益力（116）政治力（108）輸送力（107）発言力（104）開発力（103）実行力（102）遠心力（101）既判力（100）持久力（99）演技力（99）信用力（96）成長力（94）瞬発力（88）対応力（87）摩擦力（87）老人力（84）

括号内数字表示词频

3.2.4 "力"的派生词分类

本节将对"力"的派生词进行分类，并在此基础上厘清"女子力"在

---

① "本願力""功徳力""誓願力"等词语中的"力"大多数情况下读作"りき"，不在本书的分析对象内。

② 词频相同的占一个排名，因此虽然是前50位，但共有55个词语。

"力"的派生词系统中的定位及其所呈现的特征。

3.2.4.1 分类方法

在对"力"的派生词进行分类之前,先看一下单纯词"力(ちから)"的特征。一般情况下,可以从"力的位置(どこにある力か)"与"力的持有者(誰が持っている力か)""力的性质(どのような性質を有するか)""力的作用对象(誰/何に対して影響のある力か)"这三个角度来把握"力"的特征。下面例(1)中的"力"的所在位置是"物質の表側(物质的表面)",例(2)(3)(4)(5)中"力"的持有者分别为"彼女の母(她的母亲)""自然""大手企業(大企业)""彼女(她)";例(3)例(5)中的力具有"大きな(大)""素晴らしい(优秀)"的特征;例(4)和例(5)的力的作用对象是"市場"和"トラブル(危机)"。从这些例子可以看出,"力"具有"在哪里(位置及持有者)""有什么性质(性质)""作用于哪里(作用对象)"这三个特征。

例:

(1)物質の表側にある力を観察する。//观察物质表面的力。

(2)彼女の母は、この国でも一番の力を持つ呪い師だ。//她的母亲是这个国家最有能力的巫师。

(3)自然は大きな力を持っている。//自然具有强大的力量。

(4)その大手企業は市場を支配する力を持っている。//那个大企业拥有支配市场的能力。

(5)彼女はトラブルに対応する素晴らしい力を持っている。//那个女孩拥有处理危机的能力。

另外,"力的位置(どこにある力か)"与"力的持有者(誰が持っている力か)"以及"力的性质(どのような性質を有する力か)"属于力的静态特征,而"力的作用对象(誰/何に対して影響のある力か)"属于力的动态特征。将"力(ちから)"的三个特征用图呈现的话,可得到图3-1所示的样子。

```
┌─────────────┐     ┌─────────────┐     ┌─────────────┐
│力的位置与持有者（ど│     │ 力的性质    │     │力的作用对象（誰/何│
│ こにあるか、誰が持つ│ ──→ │（どのような）│ ──→ │ に対して影響するか）│
│ か）静态特征    │     │ 静态特征    │     │ 动态特征     │
└─────────────┘     └─────────────┘     └─────────────┘
```

图3-1　单纯词"力（ちから）"的三个特征

本小节将参考单纯词"力"的三个特征，将后缀"力"的派生词按照"力的位置（どこにある力か）"与"力的持有者（誰が持っている力か）""力的性质（どのような性質を有する力か）"以及"力的作用对象（誰/何に対して影響のある力か）"进行分类整理。按照这个分类标准可以将"力"的派生词分为"附着点（ありか）""性质""用途、目的、作用对象（用途·目的·影響先）"三个大类，不属于这三个类别里的词语归为"其他"。

"附着点"："力"的位置与持有者（「ありか」：どこにあるか、誰が持っているか）

首先，可以按照"附着点"对"力"的派生词进行分类。这个类别里的派生词前附成分表明了"力"内含于某个"物质、组织、主体（もの·組織·主体）"，换言之，从前附成分可以看出"力"的位置与持有者。同样是"附着点"，但"附着点"之间又有不同的特点，基于此，又可以继续将"附着点"分为1）物质（もの）、2）组织（組織·社会）、3）人物（人間）这三个小的分类。

"性质"："力"的性质（「性質」：どのような力か）

其次，可以按照"性质"对"力"的派生词进行分类。这个类别里的派生词前附成分表示"力"的性质与状态。

"用途、目的、作用对象"："力"的使用目的（誰/何に対して影響のある力か）

接着，可以按照"用途、目的、作用对象"对"力"的派生词进行分类。这个类别里的派生词前附成分表示"力"的用途、目的以及作用对象。

"其他"（その他）

属于"其他"这个类别的词语，所具有的特征和以上三个类别的派生

词有所不同。

下面将用词语示例和实际使用的例句对三个类别的特点进行分析。在此基础上，厘清"女子力"在这些分类中的定位及其所呈现的特点。

3.2.4.2 "附着点"（ありか）

从"附着点"这个类别的词语可以看出"力"的所在位置或持有者。前附成分与"力"之间可以加上"内含于……的力/在……上的力（…に内在する力/…にある力）"或者"……持有力量（…が持っている）"。比如，"背筋力"可以换成"内含于后背肌肉中的力量（背筋に内在する力/背筋にある力）"，而"地域力"可以换成"地域拥有/持有的力量"。

通过进一步观察发现，虽都是表示"附着点"，但该"附着点"的具体特点又有所不同。有的"附着点"表示"物质（もの）"，同时这个"物质（もの）"还可以进一步分为具象物质和抽象物质；有的"附着点"表示"组织、社会"，这些"组织、社会"是由人组成的；还有一些"附着点"是表示人物的词语，比如"老人力""人間力""個人力"等。因此，"附着点"（ありか）的具体分类可总结如表3-2所示。

表3-2 "附着点"（ありか）的具体分类

	具体分类		
ありか "附着点"	もの（物质）	❶	抽象的なもの（抽象物质）
		❷	具象的なもの（具象物质）
	組織・社会（组织、社会）		人間の組織・社会、集団（组织、社会、集团）
	人間（人物）		意志を持つ人間（人物）

3.2.4.2.1 物质（もの）

从表3-2可以看出，表示"力"的"附着点"的词语可以进一步分为"物质（もの）""组织、社会（組織、社会）""人物（人間）"。从本

小节至3.2.4.2.3小节将着眼于"附着点"（ありか）进行分析与考察。首先是表示"物质（もの）"的附着点。

"物质（もの）"表明"力"内含于某种物质，这个"物质（もの）"可以进一步分为抽象物质和具象物质，其词例和使用示例如下所示[①]（词例括号中的数字为词频）。

抽象的：軍事力（583）、経済力（438）、生命力（384）、技術力（372）

具象的：原子力（4234）、背筋力（26）、脚筋力（4）、毛管力（3）、腹筋力（3）

（6）徳川時代になってからの鎖国政策、大船建造禁止は、堺市のとどめを刺したということになる。紹鷗や利休が活躍したのは、堺市の最盛期であって、この<u>経済力</u>を反映して、庶民的な自由思想を根底とする茶道が生れたのであった。//到了德川时代，闭关锁国政策及大船建造的禁令都是堺市的致命一击。绍鸥和利休活跃在堺市的鼎盛时期，茶道以平民自由思想为根本，它的诞生反映了当时的经济实力。

（『食からみた日本史』）

➡この<u>経済にある力</u>を反映した。//反映了内含于经济上的实力。

（7）最近、体力・運動能力の調査というのを毎年やっておりますが、この調査結果によりますと、ここ十年の比較をずっとしてまいりますと、<u>背筋力</u>というのが低下している。//最近，每年都在进行体力、运动能力的调查，依据调查结果发现，如将过去十年的数据进行对比，就会发现背部肌肉力量一直在下降。

➡<u>背筋にある力</u>が低下している。//在背部肌肉上的力量。

（『国会会議録』）

[①] 例句后括号中的内容是该例句在《现代日语书面语均衡语料库》中的书名/出处。

3.2.4.2.2 组织、社会（組織、社会）

"组织、社会"表明持有/拥有"力"的组织或者社会，这个组织、社会是由人组成的，其词例以及使用示例如下所示：

組織・社会：地域力（48）、警察力（39）、海軍力（37）、チーム力（28）

（8）各球団に「干されている」「過小評価されている」選手が、少なくとも2人はいます。その選手を全員取っても、さほどお金はかからないし、しかも<u>チーム力</u>はアップします。//每支球队至少有两名球员被"晾在一边"或"被低估"。如果把这些球员都拿下，并不会花很多钱，而且还能提高球队的实力。

➡しかも<u>チームが持つ力</u>はアップします。//而且还能提高球队的实力。

（『Yahoo!知恵袋』）

3.2.4.2.3 人物（人間）

"人物"是表明"力"的持有者的一类词，换言之，从这类词语的前附成分能够看出"力"的持有人物，在这类词的前附成分与后缀"力"之间可以加上"としての（作为）"这一成分①，其词语例子如下所示：

人間：老人力（84）、人間力（27）、投手力（21）、個人力（6）

（9）これが意外に受けてるんですよ、いままでだったら、「忘れっぽくなった、歳とったな」なんて言ってたようなことも、「<u>老人力</u>がついたんだよ」って言うと、「ああ、そうなんだ」って膝を叩く感じがあるみたい。//这是意外感受到的，如果把大家一直说的"变得健忘了，上了年纪了"之类的话当作"拥有了作为老人的能力"的话，就会有一种"啊，是这样啊"的让人拍案叫绝的感觉。

---

① 前附成分与"力"之间加上"としての（作为）"之后，"力"读作"ちから"。

➡老人としての力がついた。//作为老人的能力。

(『老人力』)

(10) これからも大変だと思いますがチームのため選手のため、そして自分自身の人間力を磨くため妥協せず頑張ってください。//我想今后也会很辛苦，但是为了队伍与选手，为了磨练自己作为人的能力，请不要气馁，继续加油。

➡自分自身の人間としての力を磨くため妥協せず頑張ってください。//作为人的能力/力量。

(『Yahoo!ブログ』)

3.2.4.3 性质

"性质"一词的词例如表3-3所示。

表3-3 "性质"的词例

	词例（共计13个）
性质 1~10	遠心力（101）求心力（71）総合力（69）潜在力（65）基礎力（17）水平力（15）絶対力（15）中心力（15）有形力（11）迫真力（6）神秘力（3）ソフト力（3）基本力（2）

括号内数字表示词频

从"性质"这个分类中的词语的前附成分可以看出力的"性质"与"状态"。比如，从例（11）的"国語力は、日本の経済、文化を支えてきた基礎力（国语能力一直是支撑日本经济与文化的力量）"指的是"国語力"是支撑日本经济与文化的力量之一，这个力量与其他支撑日本经济与文化的力量相比，具有"基础的"这一性质。从例（12）的"福祉施設ではトップダウンはなく、共同作業、要するに総合力を要求される（福利设施需要的不是自上而下的命令，它需要的是协作，也就是说它要求的是综合能力）"中可以看出"福祉施設"中要求的"能力"具有"综合的"这一特征。从上述两个例子可以看出，属于"性质"这一分类里的词语的前附成分起到了描述、形容"力"的性质的作用。

（11）齋藤氏の主張によれば、国語力は、日本の経済、文化を支えてきた基礎力だっていう。//根据斋藤先生的主张，国语力是支撑日本经济、文化的基础力量。

(『ダカーポ』)

（12）福祉施設ではトップダウンはなく、共同作業、要するに総合力を要求されるので、職員全体の参加意識や共同意識の醸成がきわめて重要である。//福利设施需要的不是自上而下的命令，它需要的是协作，也就是说它要求的是综合能力。因此，全体职员的参与意识与协作意识的培养是非常重要的。

(『高齢者ケア施設マニュアル』)

3.2.4.4 用途、目的、作用对象

"用途、目的、作用对象"的词例如表3-4所示。

表3-4 "用途、目的、作用对象"的词例

	词例（共计20个）
用途、目的、作用对象 1~20	影響力（1072）競争力（962）想像力（714）説得力（613）集中力（525）生産力（387）防衛力（372）判断力（331）抵抗力（302）記憶力（298）行動力（265）指導力（243）表現力（224）攻撃力（211）拘束力（199）支配力（195）購買力（189）推進力（182）英語力（169）創造力（161）

括号内数字表示词频

从"用途、目的、作用对象"这个类别词语的前附成分可以看出"力"的用途、目的以及作用对象。在这类词语的前附成分与"力"之间可以加上"するための（应对/为了……所持有的能力/实力/力量）"。比如以下例（13）中的"寒さに対する抵抗力（对寒冷的抵抗力）"可以换成"寒さに抵抗するための力（为了应对寒冷所持有的能力）"，例（14）例（15）分别可换成"善悪を判断するための力（为了判断善恶所拥有的能力）"及"外材を競争するための力（为了应对海外木材竞争所持有的力量）"。

（13）室内の暗い場所に長く放置して徒長した株は、寒さに対する抵抗力も弱くなります。//在室内阴暗处放置太久并变得过于茂盛的植物，其对寒冷的抵抗力也会下降。

➡寒さに抵抗するための力が弱くなります。//应对寒冷所持有的力量也会下降。

（『よくわかる観葉植物』）

（14）詰まるところ、家庭と学校と並んで、教育の場の一つでもあるはずの実社会から受けている影響は彼らの物事を見る目を晦まし、善悪に対する判断力を狂わせ、個人や社会人として持つべき道徳観を曲げてしまう。それが惨めな現状である。//最终，与家庭和学校并驾齐驱，从本应该是教育场所之一的实际社会受到的影响蒙蔽了他们看待事物的眼光，打乱了他们为了判断善恶所拥有的能力，扭曲了作为个人和社会一员应该持有的道德观。那就是悲惨的现状。

➡善悪を判断するための力を狂わせてしまいました。//打乱了他们为了判断善恶所拥有的能力。

（『日本の父へ再び』）

（15）この結果、国産材は、外材に対する競争力を失い、その消費量は減少した。//结果，国产木材失去了应对外国木材的竞争力，其消费量也跟着减少。

➡国産材は外材と競争するための力を失ってしまいました。//国产木材失去了应对外国木材所拥有的实力。

（『森林・林業白書』）

另外，表3-4中的"英語力"的前附成分与"力"之间不能像其他词语那样加上"するための"，但可以加上"英語を使う/書く/話すための能力（使用/书写/说英语的能力）"等与前附成分处于邻接关系的、表示行为的成分，表明与前附成分相关联的能力。同样，"バランス力（平衡力）"可以换成"バランスをとるための能力（保持平衡的能力）"。

（16）しかし、どうだろうか。半年や一年の語学留学をしたところ

で、ほんとうに英語力が身につくものだろうか。//但是，怎么样呢。即使留学半年或一年去学习语言，真的能提高英语能力吗？

➡半年や一年の語学留学をしたところで、ほんとうに英語を使うための能力が身につくものだろうか。//即使留学半年或一年去学习语言，真的能提高使用英语的能力吗？

(『いい女は頑張らない』)

（17）補助つき自転車にある程度乗れるようになり、補助なし自転車乗りの練習に入る段階で、バランス力を身につけるためによい練習となる。//将带辅助的自行车练习到一定程度，有助于掌握平衡能力，这能成为不带辅助自行车学习阶段保持平衡能力的一个很好练习。

➡補助なし自転車乗りの練習に入る段階で、バランスをとるための能力を身につけるためによい練習となる。//这能成为不带辅助自行车学习阶段能够保持平衡能力的一个很好练习。

(『どの子も自転車に乗れるようになる新ドリル』)

3.2.5 考察

"力"的派生词能够根据前附成分与词缀"力"的关系划分为"附着点"（ありか）、"性质"（性質）、"用途、目的、作用对象"（用途・目的・影響先）以及"其他"（その他）。按照具体特点，可将"附着点"（ありか）、"性质"（性質）、"用途、目的、作用对象"（用途・目的・影響先）这三个分类中的前附成分总结为表3-5。其中，"附着点"（ありか）的前附成分不具行为性，是表示领域、物体、组织、社会、人物的名词；"性质"（性質）的前附成分同样不具行为性，是表示"性质"的词语；"用途、目的、作用对象"（用途・目的・影響先）这个类别中的词语的前附成分多为日语サ变动词词干（名词），一般表示动作、行为，属于行为性、动作性词语。如上所述，从"性质"（性質）与"用途、目的、作用对象"（用途・目的・影響先）中的派生词前附成分无法得知"力"的位置以及持有者。但"附着点"（ありか）这个类别中，有一部分的前附成分凸显"力"的位置，还有一部分的前附成分凸显"力"的持有者。

表3-5 "力"的派生词前附成分①

	能否从前附成分看出"力"的持有者	前附成分特点
"附着点"（ありか）	△	表示"领域、物体、组织、人物"的名词
"性质"（性質）	×	表示"性质、属性"的名词
"用途、目的、作用对象"（用途・目的・影響先）	×	表示动作、行为的动词，还有一部分为名词。

3.2.6 "女子力"的定位

如上所述，根据前附成分特征可以将"力"的派生词划分为"附着点"（ありか）、"性质"（性質）、"用途、目的、作用对象"（用途・目的・影響先）这三类。本节主要根据上述三个分类及其所呈现的特点分析"女子力"在"力"的派生词中的定位。

首先，从"附着点"（ありか）、"性质"（性質）、"用途、目的、作用对象"（用途・目的・影響先）这三个大的类别来看，"女子力"属于"附着点"（ありか）这个类别。换言之，从"力"的派生词体系来看的话，"女子力"的前附成分具有表明"力"的持有者这一特征；其次，从"附着点"（ありか）的三个小分类"物质""组织、社会""人物"来看的话，"力"是属于"人物"这个分类中的一员，也就是说"女子力"的前附成分凸显出了"力"的持有者，从前附成分就可以直接读取到"力"的持有者。此外，"女子力"区别于其他派生词的另一个特点是，其在诞生、传播、渐趋稳定的过程中与社会因素交织在一起。"女子力"不仅仅停留在"女子的力量、女子拥有的能力"这个字面意思上，它的内涵、关联领域、使用情况及评价情况等各个方面均与"女性らしさ（女性气质）""性别规范"等性别因素息息相关。这是"女子力"在"力"的派生词系统中的定位及"女子力"区别于其他派生词的特点。

---

① 表3-5的"×"表示不能从前附成分读出"力"的持有者；"△"表示可以从其中一部分词语的前附成分读出"力"的持有者。

3.3 "女子力"的内涵特征

本节以语料库中的语料及问卷调查收集到的文字记述内容为材料，通过分析语料及问卷调查中的语言标记，厘清"女子力"的内涵及所呈现的特征。

3.3.1 分析资料与分析方法

如第2章所述，本书的问卷调查由9个问题组成。本节的问卷调查资料主要聚焦于其中的3个问题，对这3个问题的回答内容进行详尽分析。

问题1：「女子力」ということばを知っていますか。知っているなら、どのようにして知ったのかを教えてください。（選択肢あり）//您知道"女子力"这个词语吗？如果知道的话，请告诉我您是通过哪种方式知道的？(有选项)

问题2：問1で「知っている」と答えた方におたずねします。あなたが考える「女子力」とは何ですか。「知らない」と答えた方におたずねします。「女子力」とは何だと思いますか。//在问题1回答"知道"的请回答：您所理解的"女子力"是什么？在问题1回答"不知道"的请回答：您觉得"女子力"是什么？

问题6：「女子力」およびそれを含むことばを誰かに使ったことがありますか。ありましたら、どこで誰（性別、関係）にどんな言い方で使ったか、相手はどのような反応をしたかを具体的に教えてください。//您有没有对别人使用过"女子力"这个词语？有的话，您是在哪里、对谁（性别、关系）、以哪种表达形式使用的？使用后，对方的反应是什么？

首先，通过分析第1个问题的回答把握调查对象认识"女子力"的契机。其次，聚焦调查对象对问题2的回答中的一些语言标记，分析"女子力"是如何被解释、被定义的，以此厘清"女子力"的内涵及其呈现的特征。最后，聚焦调查对象对问题6的回答，分析被行为化的"女子力"的

特点①。对问题2以及问题6的具体分析步骤是，先聚焦通过问题2收集到的文字记述中的"らしい""っぽい"以及"できる""得意"等词语，厘清"女子力"这一概念中蕴含的性别因素和能力因素，然后聚焦问题6中的授受（补助）动词"（て）くれる""（て）もらう"，廓清通过行为而具象化的"女子力"。

3.3.2 认识"女子力"的契机

"您知道'女子力'这个词语吗？如果知道的话，请告诉我您是通过哪种方式知道的?"。在这个问题的回答上，除了1个调查对象（男生），其余63人均回答"知道（知っている）"，这63个人也通过多项选择的方式回答了认识"女子力"的契机，其结果如图3-2所示。

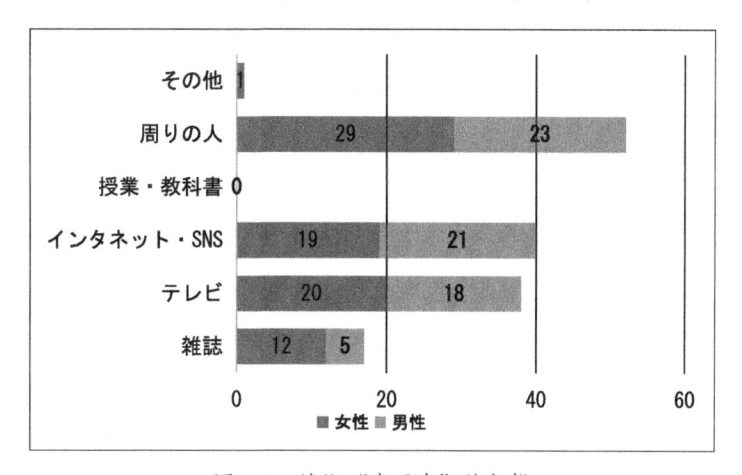

类别	女性	男性
その他	1	
周りの人	29	23
授業・教科書	0	
インターネット・SNS	19	21
テレビ	20	18
雑誌	12	5

图3-2 认识"女子力"的契机

整体来看，调查对象中的大部分人都是通过"身边的人（周りの人）"了解、认识"女子力"这一新词/流行词的。还有一部分人通过"网络、社交媒体（インターネット・SNS）""电视（テレビ）""杂志（雑誌）"

---

① 根据本章的分析目的，在分析问题6的回答时，主要聚焦于"授受动词（くれる）"以及"授受补助动词（てくれる）"，暂不触及"女子力"的使用情况。本书第5章会对"女子力"的使用情况进行详细分析。

等媒体了解、认识了"女子力"这一词语。从这个结果可以看出，日常生活中能够接触并与之能够交流的"身边的人（周りの人）"以及"网络、社交媒体（インターネット・SNS）""电视（テレビ）""杂志（雑誌）"等都是日本年轻人了解、认识"女子力"的契机。从性别来看，通过"网络、社交媒体（インターネット・SNS）""电视（テレビ）"这样的媒介了解、认识"女子力"的回答人数在性别上差异不大，但通过"身边的人（周りの人）"以及"杂志（雑誌）"了解、认识"女子力"的女性调查对象要多于男性调查对象。从这个结果可以得知，"女子力"更容易出现在女性的日常交流中。

3.3.3 语料库中的"女子力"与"女性らしさ（女性气质）"

"女子力"是作为新词/流行词诞生和发展的，而"女性らしさ（女性气质）"是日语既存概念，它们之间存在什么样的联系？笔者首先借助语料库语料，厘清"女性らしさ（女性气质）"及"女子力"在语料库中所呈现的使用特征。在此基础上，聚焦于问卷调查收集到的文字资料，进一步阐明"女性らしさ（女性气质）"及"女子力"的联系。

首先，笔者通过检索《现代日语书面语均衡语料库》抽取了含有"女性らしさ（女性气质）"的用例，以此来把握"女性らしさ（女性气质）"的使用特征。通过检索工具"中纳言"及"长单位"的检索方式，笔者从BCCWJ语料库中得到了45条"女性らしさ（女性气质）"的用例[①]。从篇章中的使用语境来看，"女性らしさ（女性气质）"的使用特征主要集中在四个方面：1）侧重论述"女性らしさ（女性气质）"这一概念本身；2）强调某一具体人物具备"女性らしさ（女性气质）"；3）强调某一具体事物蕴含"女性らしさ（女性气质）"；4）强调某一具体事物体现与象征女性的"女性らしさ（女性气质）"。其中，1）侧重论述"女性らしさ（女性气质）"的概念，即在具体的论述过程中，会从性别的角度言及"女性らしさ（女性气质）"存在的意义——如例（18）所示，以及"女

---

① 检索对象为语料库"全部"，检索日期为2023年8月13日。

性らしさ（女性气质）"的内涵——如例（19）所示。同时，在论述"女性らしさ（女性气质）"存在的意义及内涵时会提及"男性らしさ（男性气质）"作为对比，如例（19）所示。2）强调某一具体人物具备"女性らしさ（女性气质）"，即这些具体人物有文学作品中的虚构人物，亦有现实中的人物，如例（20）是日本雅虎新闻上关于演员李冰冰的描写。3）强调某一具体事物蕴含"女性らしさ（女性气质）"，如例（21）中「馬の頭部」（马头）本身就蕴含"女性らしさ（女性气质）"。4）强调某物体现与象征女性的"女性らしさ（女性气质）"，如例（22）中的「こざっぱり短く切った髪」（剪得干净利索的短发）。3）与4）的不同之处在于：3）是将某物拟人化，强调某物本身像女性一样具有"女性らしさ（女性气质）"，4）则强调某一具体事物体现与象征女性身上的"女性らしさ（女性气质）"。

（18）男性性、女性性という二分法は、抑圧と搾取にとって都合のいいように作られてきた原理なので、生と性の発達を圧殺する社会の抑圧機構を変えていくことが必要不可欠である。女性性、女性らしさではなく、あるべきは人間性、人間らしさである。//男性性、女性性这一二分法，是为压迫和剥削提供方便的原则，因此必须改变遏制生命和性发展的社会压迫机制。应该存在的不是女性性及女性气质，而是人性以及作为人的气质。

（『ドイツ二つの過去』）

（19）「男らしさ」って何でしょうか。「女性らしさ」なら、例えば、"清潔感がある"とか"ファッションセンスが良い"とか、あぁ"時折みせる弱さ"とかは女性らしさを感じます。//什么是"男性气质"？如果是"女性气质"的话，比如"爱干净""时尚感强"或者"时不时表现出的软弱"都让人能感受到女性气质。

（『Yahoo! 知恵袋』）

（20）広告の中でビンビンは「ステキなＯＬ」を演じているという。気品あふれる女性らしさをアピールしたところで、メディアの記者からビンビンに「理想の男性像は?」との質問が。//据说在广告中，冰冰扮

演的是一个"漂亮的上班族"。在展示了她优雅的女性气质后，有媒体记者问冰冰："你的理想型是什么？"

（『Yahoo!ブログ』）

（21）<u>馬の頭部の女性らしさ</u>と傭兵隊長の激しく厳しい力強さ、この、女性的なるものと男性的なるものとの完璧な結合が、像の周囲に文字どおり「魔方陣」を作っていて、私たちはそのなかに閉じこめられていたのでした。//马的头部的女性气质和雇佣兵队长凶猛、严酷的力量这一阴柔与阳刚的完美结合，在雕像周围形成了一个真正的"魔法阵"，我们被困在其中。

（『魔術的芸術』）

（22）こざっぱり短く切った髪は、かえって<u>女性らしさを感じさせる</u>。//整齐的短发反而给人一种女性气质/女性化的印象。

（『あなたがホームレスになる日』）

BCCWJ语料库中"女子力"的用例仅有4条[①]，且这4条用例出处一致，即"女子力"在同一文本中出现了4次。与此同时，这4条用例中的"女子力"均与"あがる（提高）"一词搭配使用，（23）为其中一个用例。

（23）「鎖骨を出すことによって女子力はあがるんやで～」とのたまうことが多くなった…//"通过露出锁骨提高女子力"的情况变多了……

（『Yahoo!ブログ』）

在日本常用搜索引擎「YAHOO！JAPAN」中输入"女子力"一词，检索结果超过4亿条[②]，位列最前面的5条检索结果标题为：

（24）女子力が高い人の特徴10個！女子力をアップする方法5つを紹介。//女子力强的人都具备这10个特征！介绍5种提高女子力的方法。

---

① 笔者认为，"女子力"在BCCWJ语料库中用例较少的原因有两方面：一是根据BCCWJ语料库官网介绍，BCCWJ语料库中的最新语料年份为2005年，而"女子力"最早出现于2000年左右，仅有5年之差，这5年当中没有足够关于"女子力"的语料；二是"女子力"作为新词/流行词多出现在女性杂志、漫画、电视、网络等媒介上，而这些并非BCCWJ语料库中语料的主要来源。

② 检索日期为2023年9月16日。

（25）「女子力 – Wikipedia」。

（26）女子力とは？男子が思う女子力が高い人の特徴5つ。//什么是女子力？男生认为女子力强的人的5个特征。

（27）女子力ってどうやってアップするの？ガールズパワーを磨く3つの視点と18の方法。//女子力怎么提高？磨练女子力的三个角度和18种方法。

（28）【100人聞いた】女子力が高い女性とは？特徴や素敵なレディになるために意識すべきコツの特徴5つ。//【采访100人】女子力强的女性是怎样的？意识到这5个诀窍，帮你成为有特点、出色的女士。

  这5个标题当中，除了第2个为百科全书的标题外，其余4个标题均为提高"女子力"方法的介绍，即通过这些标题之下的内容，可以提高与打磨自己的"女子力"。笔者认为，之所以会有这些标题及标题下的文章出现，是因为"女子力"被认为是有用的，也就是说人们可以借助"女子力"达到自己的目标。从这点来讲，"女子力"是具有强烈目标导向的概念。

  通过上述分析可知，"女性らしさ（女性气质）"与"女子力"在使用语境上具有不同的侧重点。"女性らしさ（女性气质）"的使用特征较为多样，但总体而言，"女性らしさ（女性气质）"会出现在对其存在意义及内涵进行论述的语境当中，同时亦会出现在描述某个女性具备"女性らしさ（女性气质）"及某物体现女性"女性らしさ（女性气质）"的语境中。"女子力"则出现在介绍提高"女子力"方法的语境当中。从"女性らしさ（女性气质）"及"女子力"的使用语境来看，二者存在不同的侧重点。但与此同时，这个不同的侧重点又无法将二者切断列为两个不同的概念。"女子力"具有强烈的结果与目标导向，那么，这个结果与目标又导向何处呢？下面将以问卷调查收集到的文字资料为分析材料，通过调查对象的回答内容，进一步挖掘"女性らしさ（女性气质）"与"女子力"的联系。

3.3.4 "女子力"的内涵

如3.3.2节所述,在本次调查中,有63人回答"知道(知っている)""女子力"这个词语。在这63人中,有61人对"あなたが考える「女子力」とは何ですか(您所理解的'女子力'是什么?)"这一问题作了回答。调查对象在回答这一问题时,对自己所理解的"女子力"进行了定义及解释。本节主要对调查对象定义及解释中的语言标记进行详细分析,从而厘清"女子力"的内涵及其所呈现的特征。

3.3.4.1 "女子力"与"女性らしい(女性气质)"

从调查对象对"女子力"定义的描述可以发现"女性らしい(女性气质)""女子らしい(女孩气质)""女の子らしい(女孩子气质)""女子っぽい(女孩子气)"等关键语言标记。通过以下资料3-1可以看出,有调查对象直接用"女性らしい(女性气质)""女子らしい"(女孩气质)"女の子らしい(女孩子气质)""女子っぽい(女孩子气)"这些词语来解释"女子力"。由此可以判断,在一部分日本年轻人的认知里,新词/流行词"女子力"等于"女性らしい(女性气质)"。

资料3-1:女子力=女性气质

(1)女性らしいこと。(女性、10代)//女性气质。(女性,10—19岁)

(2)女子っぽくあること。(男性、20代)//女孩气质。(男性,20—29岁)

(3)女子っぽさ。(男性、10代)//女孩子气。(男性,10—19岁)

(4)女の子らしさ。(男性、20代)//女孩子气质。(男性,20—29岁)

本次调查对象的回答中,除了有资料3-1那样直接将"女子力"和"女性らしい"划起等号,用"女性らしい"等词语解释"女子力"的回答之外,还有一部分回答里有"女性らしい(女性气质)"的具体示例。从这些具体的例子可以读出能够与"女子力"划起等号的"女性气质/女孩气质"的具体构成因素。

资料3-2:"女性气质"的所在点

（1）身だしなみの女性らしさ、しぐさ、料理や裁縫ができるか、ハンカチや絆創膏を常に持っているかなど。（女性、20代）//言行举止及着装打扮具有女性气质。会做饭、会裁缝，常随身携带手帕或者创可贴。（女性，20—29岁）

（2）髪型やネイルなど女子らしいこと。（女性、20代）//发型以及指甲具有女孩子的气质。（女性，20—29岁）

（3）女の子・女性らしい言葉遣いや行動。（女性、20代）//具有女孩气质、女性气质的语言措辞和行为。（女性，20—29岁）

（4）細やかな気配りができること、装いが女性らしいこと。（男性、20代）//能够做到细心周到、着装打扮具有女性气质。（男性，20—29岁）

从资料3-2可以看出，"女子力"的"女性らしさ（女性气质）"是由与外形相关的"身だしなみ（着装打扮）""髪型、ネイル（发型、指甲）""装い（装扮）""言葉遣い、行動（措辞、行动）"等建构起来的。资料中"女性/女子/女の子らしさ（女性/女孩气质）"等语言标记对应的具体表现可总结为表3-6。从表3-6可以读出能够体现"女性らしさ（女性气质）"的地方，即"女子力"中的"女性らしさ（女性气质）"在哪里可以看到、其具体体现在哪些方面。

表3-6 "女子力"的语言标记与其具体表现①

语言标记		具体表现
女性/女子/女の子らしさ（女性/女孩气质）	行動（行动）	言葉遣い（言语措辞）、行動（行动）、振る舞い（行为举止）、仕草（举止）、気遣い（细心周到）
	外見（外形）	身だしなみ（着装打扮）、香り（香味）、スカート（短裙）、ピンク（粉色）、清潔感（整洁感）、装い（装扮）、髪型（发型）、ネイル（美甲）
女子っぽい（女孩子气）		行動（行动）

高井范子与冈野孝治（2009）对"男らしさ（男性气质）"与"女

らしさ（女性气质）"进行了调查研究。在论文中指出"優しい（温柔的）""上品（高贵的）""気遣い・繊細（细心周到，心思细腻）""家庭的（家庭气质）""かわいい（可爱的）""愛嬌（招人喜欢）""色気（有魅力）""美しい（美丽的）""控えめ（克制）""男を立てる（支持男性）""明るい（活泼开朗）""あたたかい（温暖的）""思いやり（富于同情心）"是与"女性らしさ（女性气质）"相关的表达。而本书通过问题2得到的"女性らしさ（女性气质）"的相关表达中，与髙井范子与冈野孝治（2009）重合的仅有"気遣い（细心周到）"。可以说，髙井范子与冈野孝治指出的"女性らしさ（女性气质）"的具体表达更偏向于人品、性格、容貌等属性方面的特征，而从表3-6中的"言葉遣い（语言措辞）""振る舞い（行为举止）""仕草（举止）""行動（行动）"可以看出，与"女子力"相关的"女性らしさ（女性气质）"包含行为方面的内容。同时，身だしなみ（着装打扮）、香り（味道）、スカート（短裙）、ピンク（粉色）、清潔感（整洁感）、装い（装扮）、髪型（发型）、ネイル（美甲）等虽然是与"外形"相关的表达，但也包含了"女性らしさ（女性气质）"。由此可见，"女性らしさ（女性气质）"并非女性天生就具备的性质，而是可以通过努力、通过提高"女子力"获得的能力。可以说，"女子力"将构建"女性らしさ（女性气质）"的过程可视化，呈现出建构"女性らしさ（女性气质）"的过程。

从资料3-1可以得知，调查对象中的一部分人认为"女子力"可以与"女性气质/女孩气质（女性/女の子らしさ）"划起等号。同时，从资料3-2以及表3-6可以发现，"女子力"中的"女性らしさ（女性气质）"包含行为方面的内容，"女性らしさ（女性气质）"可以通过提高"女子力"来建构与呈现。坎迪斯·韦斯特与唐·齐默尔曼（West & Zimmerman）在《性别与社会》这本杂志中提出了"做性别（doing gender；ジェンダーする）"这一概念，这个概念强调"Doing gender means creating differences between girls and boys and women and men, differences that are not natural, essential, or biological. 做性别就是在女孩与男孩之间或者女人与男人之间创造差异，这种差异并非天生的、根本性的或者生物性的（West &

Zimmerman，1987；汉语为笔者译）"。本书认为，提高"女子力"、打磨"女子力"就是一种制造"差异"的"做性别（doing gender）"行为。从上述资料3-2中的（3）的"女の子・女性らしい言葉遣いや行動（具有女性气质的语言措辞和行为）"可以发现，"女子力"的具体表现包括"具有女性气质的语言措辞"。"女子力"可以通过努力来建构，而在"语言措辞"方面，也可以通过提高"女子力"来让自己掌握"具有女性气质的语言措辞"。同样，亦可通过"振る舞い/仕草（举止）""行動（行动）"等行为以及"身だしなみ（着装打扮）""香り（香味）""スカート（短裙）""ピンク（粉色）""清潔感（清洁感）""装い（装扮）""髪型（发型）""ネイル（美甲）"等与外形相关的内容，提高与打磨"女子力"。通过这些努力，"女子力"可以被建构、被表达。由此可见，提高与打磨"女子力"的过程就是"做性别（doing gender，ジェンダーする）的过程。

3.3.4.2 "女子力"与能力

本节主要聚焦表达"能力"以及"评价"的动词、形容词，来探究"女子力"蕴含的能力因素。首先，关于"女子力"定义的文字描述中，出现次数较高的有"できる"这一词语。"できる"是表达能力的词语，相当于汉语的"能/会"，比如，"フランス語ができる"是"会法语"的意思，"自分の考えを述べることができる"是"能够陈述自己想法"的意思。通过分析调查对象所记述的"女子力"定义中出现的"できる"，可以发现"女子力"能力因素的具体体现。以下资料3-3为包含"できる"的部分材料。

资料3-3：语言标记---できる

（1）通常女性に期待される、料理や裁縫など手先の器用さを要する仕事をうまくやることのできる能力。また、化粧やファッションに気を配り、かわいらしく、美しく見せることのできる能力。（女性、20代）// 通常是指具备会做饭、会裁缝等需要心灵手巧这个技能的能力，而这个能力也是社会对女性的期待；另外，"女子力"是指注重化妆和时尚，能够

将自己打扮得可爱、美丽的能力。(女性,20—29岁)

(2)家庭的な行動ができること。家事とか。(女性、20代)//会做一些家庭里的事情,比如家务。(女性,20—29岁)

(3)料理、家事ができる。身だしなみがきれい。(女性、20代)//会做饭、会做家务,仪容仪表干净整洁。(女性,20—29岁)

(4)気配りができる。(男性、20代)//能够做到细心周到。(男性,20—29岁)

(5)世の中で「女性らしい」とされる、周囲に配慮した振る舞いをすることができること。(女性、20—29岁)//能够做到社会上公认的具有"女性气质"的、能够为周围的人与事情考虑的一些言行举止。(女性,20—29岁)

中岛晶子(2010)指出,"女子力"这个新造词语蕴含"被社会期待应该具备的能力"这一含义。通过资料3-3的回答(1)可以看出,具备"女子力"这个能力"能够"做到的是:"料理や裁縫など手先の器用さを要する仕事をうまくやること(做饭以及裁缝等需心灵手巧这个技能)"的一些事情。同时,这个回答强调了这些能力是"通常女性に期待される(社会对女性的期待)"。这表明,"女子力"这个概念中的能力要素具有"被社会所期待"的特征;回答(2)将"家事(家务)"作为例子举出,同时强调"女子力"是"家庭的な行動ができること(会做家庭里的一些事情)";回答(3)指出"女子力"是"料理、家事ができる(会做家务、会做饭菜)";回答(4)回答"女子力"是"気配りができる(细心周到)";回答(5)指出,"女子力"是"周囲に配慮した振る舞いをすることができる(为周围人与事考虑的行为举止)"。

将资料里观察到的"できる(能够/会)"的具体表现/对象(能够做到什么)按照"家事(家务)""料理(做饭)""手芸(手工)""外见(外形)""気配り(细心周到)""女性らしさ(女性气质)""その他(其他)"分类的话,可总结为表3-7所示。

表3-7 "女子力"的语言标记与其具体表现②

语言标记		具体表现
できる（能够/会）	家事、料理、手芸（家务/做饭/手工）	料理（做饭）、裁縫、家事（家务）、家庭的な行動（与家庭有关的行为）、洗濯（洗衣服）、手先の器用さを要する仕事（需要心灵手巧这个技能的一些事情）
できる（能够/会）	外見（外形）	かわいらしく見せること（能够将自己打扮地可爱）、美しく見せること（能够将自己打扮地美丽）、清潔感ある行動（具有干净、整洁感的行为）
	気配り（细心周到）	気遣い（关心）、周りへの気配り（照顾到周围的人）、周囲に配慮した振る舞いをすること（做一些顾及周围人的事情）、細やかな気配り（细致入微的照顾）
	女性らしさ（女性气质）	女だからこそ持っている魅力を発揮すること（能够展现女性独有的魅力）、女性が得意あるいは女性らしいと考えられていること（能够做到让人觉得女性非常擅长或者具有女性气质的事情）
	その他（其他）	身の回りのこと（身边的事）

在调查对象的回答里，除了语言标记"できる（能够/会）"，从惯用句"気が利く（机灵、灵活）""気を遣う/遣える（细心周到）"、动词"整う/整える（周全/使周全）""取れる（取得）""優れている（优秀/出色）"、表达存在的"ある（有）"、表示携带的"持つ（携带/持有）"以及表示评价的"上手、得意、器用、いい（拿手/擅长/手巧/良好）""繊細（细腻）"等语言标记也能看出"女子力"蕴含的能力因素以及具体表现。

资料3-4：语言标记 —— 優れている 等

（1）ちょっとした時に<u>気がきく</u>。（男性、10代）//能够灵活地注意到一些细节部分。（男性，10 — 19岁）

（2）サラダを取り分けるなど気の利いた行動が<u>取れる</u>ことや身だしなみに<u>気を遣える</u>こと。（男性、20代）//做事情非常机灵，比如吃饭的

时候给大家分沙拉以及注重自己的着装打扮。(男性，20—29岁)

（3）家事能力が<u>優れていて</u>、女子らしいことが<u>得意</u>、または好きであること。(女性、10代)//家务能力出众，擅长或者喜欢突出自己的女孩气质。(女性，10—19岁)

（4）身だしなみの女性らしさ、しぐさ、料理や裁縫ができるか、ハンカチや絆創膏を常に<u>持っている</u>かなど。(女性、20代)//着装打扮具有女性气质，会裁缝，会做饭，随身携带手帕和创可贴等。(女性，20—29岁)

（5）センスが<u>いい</u>、かわいらしいものを持っている、手が器用。(女性、20代)//品味好，有一些很可爱的小玩意儿，心灵手巧。(女性，20—29岁)

（6）生活力がある。家事ができる。身なりがかわいく<u>整っている</u>。(女性、20代)//具有生活能力，会做家务，着装打扮可爱、整洁。(女性，20—29岁)

（7）絆創膏を<u>もっている</u>、料理が<u>上手</u>、裁縫ができる。(男性、20代)//随身携带创可贴，擅长做饭，擅长裁缝。(男性，20—29岁)

从资料3-4中划线的语言标记及它们的主语、宾语、修饰成分可以看出"女子力"的能力因素。如果一个人"気の利いた行動が取れること（做事情非常机灵）""身だしなみに気を遣えること（注重着装打扮）""家事能力が優れていて（家务能力突出）""女子らしいことが得意（擅长做一些符合'女孩气质'的事情）""手が器用（心灵手巧）""センスがいい（品位好）"以及"ハンカチや絆創膏を常に持っている（随身携带手帕、创可贴）"的话，就会被他人评价为具备"女子力"。此次问卷调查收集到的此类语言标记以及通过其表现出来的"女子力"的具体内容可总结为表3-8所示。

第3章 "女子力"的内涵分析

表3-8 "女子力"的语言标记与其具体内容③

语言标记	具体内容
優れている （优秀/出色）	家事能力（家务能力）、身なり（着装打扮）
ある （存在）	清潔感（整洁感）、生活力（生活能力）、細やかさ（细心程度）
持つ （携带）	ハンカチ（手帕）、絆創膏（创可贴）、かわいらしいもの（可爱的东西）
取れる、整う、整える （能做到、周全、使周全）	気の利いた行動（机灵的行为）、身なり/身だしなみ（着装打扮）
気を遣う （细心周到）	お化粧やネイル・服・髪、おしゃれ（妆容与美甲、服装、发型、时尚）、自分や他人の身だしなみ（自己以及他人的着装打扮）
得意、上手、いい、器用、高い、きれい （擅长、拿手、好的、巧、高、美丽）	女子らしいこと（符合女孩气质的行为）、料理（做饭）、裁縫、おめかし（着装打扮）、センス（品位）、手、女性が得意そうな能力（女性较为擅长的一些能力）、身だしなみ（着装打扮）

同时，通过名词"能力""力（力量）""術（技能）""特技（特长）""度合い（程度）"等词语也能观察到"女子力"蕴含的能力因素及具体内容。可将其总结为表3-9。

表3-9 "女子力"的语言标记与其具体表现④

语言标记	具体内容
能力	男性がその人を魅力的に思うような行動を選択する能力（能够做到让男性觉得非常有魅力的行为）、家事や美容に関する能力（与家务以及美容相关的一些能力）、女性らしさを連想させる能力（能够让人联想到女性气质的相关能力）
力、術、特技、度合い（力量、技能、特长、程度）	主婦力（主妇能力）、事前準備力（事前准备能力）、なにかを可愛くする術（能够让什么东西变得可爱的能力）、女性らしいもの（具有女性气质的特点）、世間の考える女の子としての度合い（社会所公认的女孩气质的程度）

表示能力的"できる（能够/会）"、表示携带的"持つ（拿着、持有）"、表示存在的"ある（有）"、惯用句"気が利く（机灵、灵活）""気を遣える（细心周到）"、动词"整う/整える（周全/使周全）"以及包

· 67 ·

含评价语义的"優れている（优秀/出色）""得意/上手/いい（擅长、拿手、良好）""器用（心灵手巧）""美しい（美丽的）"、名词"能力""術（技能）""特技（特长）""程度（度合い）"等语言标记表明"女子力"是一种能够通过努力而获得的、会被他人赞赏的能力。近藤优衣（2014）以及菊地夏野（2016，2019）、大上真礼与寺田悠希（2016）等前人研究均强调，"女子力"不是天生的而是通过努力可以短时间获取的能力。从这些语言标记所对应的"家事（家务）""料理（饭菜）""裁縫""洗濯（洗衣）""気を遣える（细心周到）"等具体内容可以发现，"女子力"蕴含传统性别规范的内容。

3.3.4.3 "女子力"的行为性

上述分析着重围绕"女子力"蕴含的性别因素以及能力因素展开。分析发现，"女子力"呈现了"女性らしさ（女性气质）"的建构过程，将建构"女性らしさ（女性气质）"的过程可视化；"女子力"能够诠释坎迪斯·韦斯特与唐·齐默尔曼（West & Zimmerman）在《性别与社会》这本杂志中提出的"做性别（doing gender；ジェンダーする）"这一概念，提高"女子力"本身就是"做性别（doing gender；ジェンダーする）"这一行为。那么，"女子力"通过行为被具体体现出来的话，它是怎么被接受以及解释的呢？

资料3-5：授受（补助）动词[①]

（1）高校の女友達に絆創膏をもらったときに女子力高いなーと言ったら、でしょーと言われました。（男性、10代）//高中时女同学给我创可贴之后，我对她说："你真有女子力。"她回答说"是吧。"（男性，10—19岁）

（2）BBQ中で手が汚れた際に、パッとウェットティッシュをくれた

[①] 日语的授受动词为"あげる""くれる""もらう"，这三个动词可以用于事物的给予与接受，并且这个给予与接受的过程伴随恩惠的传递与接受。而授受补助动词是"～てあげる""～てくれる""～てもらう"这三个动词表示某个行为里伴有恩惠的传递与恩惠的接受。

第3章 "女子力"的内涵分析

人（男女は問わない）に女子力高いねって言った。（男性、20代）//烧烤时弄脏了手之后，会有人（不论男女）马上递过来纸巾，这时会对他们说："你的女子力很强啊。"（男性，20—29岁）

（3）言ったことはないが、女性がさりげない気遣いをしてくれたときに、この人女子力高いなと思う。（男性、20代）//没有对谁说过，但如果女性不经意间表达出细心周到的话，我会觉得她很有女子力。（男性，20—29岁）

（4）外でティッシュをすぐに渡してくれた女の友だちに対し、誉め言葉として言ったら、謙遜していた。（女性、20代）//会用"女子力"表扬那种马上递纸巾的女性朋友，这时她会很谦虚。（女性，20—29岁）

（5）同性の友達に対して、彼女がハンカチなどを貸してくれたときなどに軽い調子で「女子力高いね」や「女子だねー」などと言う。相手は笑ったりドヤ顔などをしてのってくれる。（女性、20代）//会对同性的朋友们说，当跟她们借手帕之类的东西之后，我一般会随口说一句"女子力真强啊"以及"有女子力"之类的话。她们一般会笑一笑或者会表现出小得意的样子。（女性，20—29岁）

（6）男友達とご飯に行った際、水やおしぼりを持ってきてくれたときに「女子力高いね」とふざけて言ったりする。反応としては「でしょ？」とよく言われることが多い。（男性、20代）//与男性朋友去吃饭的时候，当他们给我递水或者纸巾的时候，我会开玩笑地对他们说："女子力真强呀。"他们一般会回应说："是吧。"（男性，20—29岁）

（7）飲み会の場でサラダを取り分けてくれた男友達にふざけて「女子力あるね」とほめた。照れていた。（男性、20代）//聚会上，开玩笑地表扬了一下给我分沙拉的男生说："你真有女子力呀。"他当时有些害羞。（男性，20—29岁）

（8）女性の友達に対して。手料理をご馳走してもらった時。感心した様子で「女子力高いねー」ありがとうと嬉しそうにしていた。（男性、20代）//当女性朋友给我做饭吃的时候，我会很佩服地说："女子力真高。"这时他们会开心地表达感谢。（男性，20—29岁）

· 69 ·

从资料3-5可以看出，"絆創膏をもらった（给我创可贴）""ウェットティッシュをくれた（给我湿巾）"以及"してくれた（为我做）""渡してくれた（给我递过来）""貸してくれた（借给我）""持ってきてくれた（给我拿过来）""取り分けてくれた（给我取过来）""ご馳走してもらった（给我做饭）"等行为是"女子力"的具体体现。其中，（1）（2）中的"创可贴"以及"湿巾"成为给予与接受的对象；（3）到（8）中的"水やおしぼりを持ってきてくれた（给我递过来水和毛巾）"、"サラダを取り分けてくれた（给我拿沙拉）"等行为成为给予与接受的对象。益冈隆志（2001）指出授受动词不仅表示事物的赠与及接受，其亦蕴含赠与的东西是接受者所喜欢的意思（単に事物の授受を表すだけでなく、通常、授受の対象である事物が当事者にとって「好ましい」ものであるという意味を表す），而且这个特征被表示行为给予与接受的授受补助动词所继承（事態の授受を表す補助動詞構文にもそのまま引き継がれる）。也就是说，"絆創膏（创可贴）""ウェットティッシュ（湿巾）""水やおしぼりを持ってくる（拿水与湿毛巾）""サラダを取り分ける（分沙拉）"等被当作"女子力"的行为，对于接受方来说是比较友好的行为。从上述分析可以看出，与"女子力"相关的事物或者行为都是受到大家所欢迎的，互动行为中被具体化的"女子力"是比较友好的行为。

3.4 本章总结

本章主要分析了"女子力"在所属派生词系统中的定位以及其内涵特征。首先，本章通过分析后缀"力（りょく）"构成的派生词系统，廓清了"女子力"在整个派生词系统中的定位；然后，通过分析"女子力"蕴含的性别因素、能力因素以及"女子力"的行为性特征，阐明了"女子力"的内涵特征。

总体来看，后缀"力"的派生词可以划分为"附着点（ありか）""性质（性質）""用途、目的、作用对象（用途・目的・影響先）"以及"其他（その他）"这四大类。"女子力"属于"附着点（ありか）"这个类别，

即"女子力"的前附成分标记出了"力"的持有者,从其前附成分可以看出"力"的持有者。同时,"女子力"在形成、发展以及稳固过程中与社会因素交织与关联,凸显出"女子力"区别于其他"力"的派生词的特征。在"女子力"蕴含的性别因素以及能力因素的具体分析上,本书首先从"女性らしい(女性气质)""女子らしい(女孩气质)""女の子らしい(女孩子气质)""女子っぽい(女孩子气)"这些语言标记出发,厘清了"女子力"具有可视化建构"女性らしさ(女性气质)"过程的特征以及提高"女子力"的过程就是一种"做性别(doing gender,ジェンダーする)"行为的特征;然后,通过分析"できる(能够/会)""優れている(出色/优秀)""持つ(携带)""ある(存在)""整う(周全)"等动词、"気が利く(机灵)"等惯用句以及"得意(擅长)""上手(拿长)""いい(好的)"等形容词及其具体搭配的特征,阐明了"女子力"这一概念中蕴含建构、维持传统性别规范的内容;最后,通过分析"女子力"的行为性及授受(补助)动词发现,被行为化的"女子力"具有受到社会所欢迎及赞赏的特征。

第4章 "女子力"的相关词分析

4.1 引言

本章从"女子力"的相关词出发，进一步廓清"女子力"的特点。本书所说的相关词是指能够从"女子力"这一词语联想到的词语、能够形容与描述"女子力"的词语以及"女性"这一词语。在具体分析步骤上，4.2节阐明本章要分析的资料及分析步骤。4.3节首先对"女子力"的联想词以及能够形容与描述"女子力"的词语及特点进行分析；然后从"女子力"的联想词以及能够形容与描述"女子力"的词语中筛选出其中的"形容词"，将其与"女性"的常见共现形容词做对比，厘清其中的异同点。4.4节对本章的内容进行总结。

4.2 分析资料与分析步骤

本节介绍本章的分析资料及本章的分析步骤。

本章要分析的资料为问卷调查收集到的文字资料及从《现代日语书面语均衡语料库》里抽取的语料。其中，问卷调查收集到的文字资料用于分析"女子力"的联想词以及形容与描述"女子力"的词语；《现代日语书面语均衡语料库》用于分析"女性"这一词语的常见共现形容词。"女子力"的联想词以及形容、描述"女子力"的词语通过以下两个问题收集。

问题3：「女子力」から連想する形容詞を挙げてください。//请写出能够从"女子力"这个词语联想到的形容词。

问题5:「女子力」を表す形容詞を挙げてください。//请写出能够描述"女子力"的形容词。

在具体分析步骤上,首先,通过分析"女子力"的联想词以及描述"女子力"的词语,厘清"女子力"与"女性らしさ(女性气质)"的联系以及"女子力"的关联领域。接着,廓清"女性"这一词语的常见共现形容词及其所呈现的特点,在此基础上,聚焦于"女子力"联想词中的形容词以及能够描述"女子力"词语中的形容词,将它们与"女性"的常见共现形容词进行对比,以此来阐明"女子力"的特点。

4.3 结果与分析

本节介绍调查结果并对之加以分析。通过分析"女子力"的联想词能够把握与"女子力"有关联的词语,通过分析形容与描述"女子力"的词语能够阐明与"女子力"性质相关的词语。基于此,本章将分别分析"女子力"的联想词及形容与描述"女子力"的词语,从而更好地把握"女子力"的联想词及描述"女子力"的词语及其所呈现的特点。

4.3.1 "女子力"的联想词

辻幸夫(2013)指出,"联想"是指"ある語(句)が与えられたとき、それと関連する他の語(句)あるいは事柄が思い浮かぶ心の作用(给定一个词/短语,与之相关的其他词/短语或者事物就会出现在脑海里的心理作用)"。词汇层面的联想叫作"词联想(語連想,word association)",一开始给定的词语为"刺激语(stimulus word)",由该词联想出的词语叫作"反应词(反応語,response word)"。那么,以"女子力"为"刺激词"的话,会有哪些"反应词"出现呢?

本节主要分析调查对象对"请写出能够从'女子力'这个词语联想到的形容词"这个问题的回答。在该问题的具体回答上,未作回答的调查对象有6人,回答"不知道"的调查对象有1人,剩下57名调查对象(女性28人,男性29人)均对这个问题作了回答,写下了能够从"女子力"联

想到的词语。这些联想词语就是本节的分析对象。需要注意的是，虽然问卷调查设计的题目是要求调查对象写下从"女子力"能够联想到的形容词，但也有调查对象写了非形容词的词语以及一些短语，本节也将这些非形容词的词语及短语纳入分析范围加以分析。

本次问卷调查收集到的材料当中，被调查对象提到两次及以上的联想词及其具体词频可总结为表4-1。

表4-1 "女子力"的联想词及其词频

联想词	词频（合计）	词频	联想词	词频（合计）	词频
可愛い（可爱的）	36	女性：20 男性：16	家庭的（家庭气质）	3	女性：2 男性：1
きれい（漂亮的）	15	女性：8 男性：7	高い（高的）	3	女性：1 男性：2
しとやか（淑女的）	4	女性：2 男性：2	清潔（整洁的）	3	女性：3 男性：0
美しい（美丽的）	4	女性：2 男性：2	女の子らしい（女孩子气质）	2	女性：1 男性：1
優しい（温柔的）	3	女性：2 男性：1			

从表4-1可以看出，此次问卷调查收集到的"女子力"的联想词中，调查对象提到两次（含两次）以上的词语有"可愛い（可爱的）""きれい（漂亮的）""しとやか（淑女的）""美しい（美丽的）""優しい（温柔的）""家庭的（家庭气质）""高い（高的）""清潔（整洁的）""女の子らしい（女孩子气质）"。提到这些词语的不仅有女性亦有男性，可以说，在"女子力"联想词的列举上不存在显著的性别差异。

第3章分析了"女子力"的定义及解释中出现的"女性らしさ（女性气质）"的特点并将之与高井范子与冈野孝治（2009）的"女性らしさ（女

性气质)"进行了对比,发现"女性らしさ(女性气质)"是可以通过提高与打磨"女子力"来建构,换言之,"女子力"呈现了"女性らしさ(女性气质)"的建构过程。以下将聚焦于"女子力"的联想词,分析由"女子力"建构起来的"女性らしさ(女性气质)"的具体内容。

笔者在第3章指出,"女子力"蕴含的"女性らしさ(女性气质)"是由"言葉遣い(语言措辞)""振る舞い(行为举止)""仕草(举止)""行動(行动)"等与行为相关的内容及"身だしなみ(着装打扮)""香り(味道)""スカート(短裙)""ピンク(粉色)""清潔感(整洁感)""装い(装扮)""髪型(发型)""ネイル(美甲)"等与"外形"相关的内容而具象化。"女子力"中的"女性らしさ(女性气质)"主要体现在"行动"与"外形"上。同时,通过表4-1可以看出,通过提高"女子力"而建构的"女性らしさ(女性气质)"体现在"女子力"的联想词"可愛い(可爱的)""きれい(漂亮的)""しとやか(淑女的)""美しい(美丽的)""優しい(温柔的)""家庭的(家庭气质)""清潔(整洁的)"等方面。高井范子与冈野孝治(2009)通过分析问卷调查的资料指出,"優しい(温柔的)""上品(高贵的)""気遣い・繊細(细心周到,心思细腻)""家庭的(家庭气质)""かわいい(可爱的)""愛嬌(招人喜欢)""色気(有魅力)""美しい(美丽的)""控えめ(克制)""男を立てる(支持男性)""明るい(活泼开朗)""あたたかい(温暖的)""思いやり(富于同情心)"是与"女性らしさ(女性气质)"相关的表达。"女子力"的联想词与高井范子与冈野孝治(2009)的"女性らしさ(女性气质)"的相关表达重合的词语有"優しい(温柔的)""かわいい(可爱的)""家庭的(家庭气质)""美しい(美丽的)"。同时,从表4-1可以看出,"しとやか(淑女的)"也是"女子力"的联想词。国立国语研究所(1972)指出,しとやか(淑女的)"包含谦恭、温和、柔软这些要素,而这些要素在日本传统中一直作为女性气质而被尊重与要求(原文:日本的な伝統の中で女らしさとして尊重され,要求されてきたような,つつましさ,やさしさ,やわらかさのような要素を重要なものとして含んでいる)"。

伊藤公雄与树村みのり、国信润子（2009）以及中村桃子（2001）指出，"女性らしさ（女性气质）"不是天生就具备的属性，它是后天被建构起来的存在①。同时，中村桃子（2001）指出，身份不是固定不变的，它在话语中不断被建构、处于动态变化的状态当中②。性别身份也是被主观建构起来的东西。基于这样的观点，可以说，本书的分析对象"女子力"是建构"女性らしさ（女性气质）"的手段及资源。通过这一手段与资源，可以建构"女性らしさ（女性气质）"这一性别特征。与此同时，"女子力"亦说明"女性らしさ（女性气质）"不是先天的而是后天构建的。

如上所示，本次收集到的资料当中，调查对象提到两次以上的联想词及其具体词频可总结为表4-1。调查对象仅提到一次的联想词可总结如表4-2。

表4-2 "女子力"的联想词

性格・外見・様子 （性格、外貌、形象）	奥ゆかしい、おしゃれ、大人っぽい、こぎれい、素敵、清楚、可愛らしい、華々しい、麗華、柔らかい、麗しい、清い（雅致的、时尚、成熟的、干净的、完美的、清爽的、可爱的、绚丽的、华丽的、柔和的、漂亮的、清澈的）
家事・料理 （家务、做饭）	家事、手先が器用、料理がうまい（家务、手巧、擅长做饭）
気配り・態度 （细心周到、态度）	意識が高い、気がきく、きちんとした、気遣いのある、気を遣える、細かい、こまやか、誠実、丁寧、整う、まじめ、抜かりない、礼儀正しい、マメ（上进心、机灵、可靠的、细心的、周到的、细致的、细腻的、诚实的、仔细的、周全、认真的、一丝不苟的、彬彬有礼的、真诚的）

通过仔细观察，可以将表4-2列出的"女子力"的联想词分为三类：一是可以将"奥ゆかしい（雅致的）""おしゃれ（时尚）""大人っぽい（成熟的）""こぎれい（干净的）""素敵（完美的）""清楚（清爽的）""可愛らしい（可爱的）"等词语归纳为"性格、外貌、形象"这个类别；二是可以将"家事（家务）""料理がうまい（擅长做饭）""手

---

① 本来備わっている性質ではなく、つくられるもの。
② アイデンティティは不変で固定した一貫したものではなく、ディスコースの中で絶えず作られ続けることで変化し、能動的に構造されるもの（中村桃子2001）。

先が器用（手巧）"归纳为"家务、做饭"这个类别；三是可以将"意識
が高い（上进心）""気がきく（灵活）""きちんとした（可靠的）""気
遣いのある、気を遣える（周到细致的）""誠実（诚实的）""丁寧（仔
细的）""礼儀正しい（彬彬有礼的）""マメ（真诚的）"等归为"细心
周到、态度"这一类别。

"女子力"蕴含的内容看似复杂，但将表4-1与表4-2结合起来看的
话，"女子力"蕴含的内容可总结为图4-1所呈现的三个领域。

```
           ┌── 个人：性格、外貌、形象
           │   （個人：性格・外見・様子）
女         │
子 ────────┼── 家庭：家务、做饭
力         │   （家庭：家事・料理）
           │
           └── 社会：待人接物的态度
               （社会：人や物事に対する気配り・態度）
```

图4-1 "女子力"的三大关联领域

"女子力"蕴含的内容与图4-1所示的三大领域相关联。首先，从"可
愛い（可爱的）""きれい（漂亮的）""しとやか（淑女的）""美しい
（美丽的）""優しい（温柔的）""奥ゆかしい（雅致的）""大人っぽい
（成熟的）""柔らかい（柔和的）"这些联想词可以看出，"女子力"蕴
含与"性格、外貌、形象"相关的内容。同时，这些内容主要与"个人"
这一领域息息相关。其次，从"家事（家务）""料理がうまい（擅长做
饭）"等联想词及表达可以看出"女子力"蕴含"家务、做饭"的相关内
容，而这些内容主要与"家庭"这一领域的关联度较高。最后，从"意
識が高い（上进心）""気がきく（灵活）""気遣いのある、気を遣え
る（周到细致）""誠実（诚实）""丁寧（仔细）""礼儀正しい（彬彬
有礼）"等联想词语及短语可以看出，"女子力"蕴含与"待人接物的态
度"相关的内容，而这些内容与性别无关，它们是社会期待的一般大众具
备的待人接物的美好品质。而现在，这些品质作为"能力"均集中在"女

子力"这一概念中。同时，因为这些词语与短语是常见的人在社会中待人接物的品质，因此，可以说其与"社会"这一领域息息相关。"待人接物的态度"这一领域的相关内容，不仅常见于在社会上与其他人的互动交流中，亦常见于对待工作与学习这两个社会活动的态度上。与此同时，这些内容也是社会所认可的对待人际关系、工作、学习的正确态度。譬如"気遣いのある、気を遣える（周到细致）""誠実（诚实）""礼儀正しい（彬彬有礼）"这些品质常见于与上司、同事、朋友、陌生人的交流中；"抜かりない（一丝不苟）""まじめ（认真的）""きちんとした（可靠的）"常见于工作与学习中。与"性格、外貌、形象"相同，"待人接物的态度"也属于个人特征，但前者更倾向于属性特征，而后者动态体现在与他人的交流互动中。

综上所述，"女子力"的内容关联到"性格、外貌、形象""家务、做饭""待人接物的态度"这三个领域，与此同时，这三个领域从"个人"到"家庭"最后扩展至整个"社会"。

4.3.2 形容"女子力"的词语

本节主要以调查对象对"请写出能够描述'女子力'的形容词"这个问题的回答为分析材料，厘清能够形容"女子力"的词语及其所呈现的特征。在这个问题的回答上，未回答的调查对象有17人，回答"不知道"的调查对象有6人，剩下44人（女性23人，男性21人）均对此问题作了回答。此外，虽然问卷调查设计的题目是要求调查对象写下能够形容、描述"女子力"的形容词，但也有调查对象写了非形容词的词语或者一些短语。与上一节的分析策略一致，本节也将这部分词语以及短语列为分析对象。

本次收集到的材料当中，被调查对象提到两次以上的能够形容、描述"女子力"的词语及具体词频可总结为表4–3。

第4章 "女子力"的相关词分析

表4-3 形容"女子力"的词语及出现频次

词语	词频（合计）	词频	词语	词频（合计）	词频
可愛い（可爱的）	14	女性：8 / 男性：6	淑やか（淑女的）	3	女性：3 / 男性：0
きれい（漂亮的）	9	女性：5 / 男性：4	あたたかい（温暖的）	2	女性：0 / 男性：2
家庭的（家庭气质）	4	女性：2 / 男性：2	上品（高贵的）	2	女性：2 / 男性：0
女性らしい（女性气质）	4	女性：2 / 男性：2	美しい（美丽的）	2	女性：2 / 男性：0

从表4-3可以看出，在调查对象的认知里，最能够形容、描述"女子力"的词语为"可愛い（可爱的）"一词，且提到的次数也最多；其次是"きれい（漂亮的）"一词。这与"女子力"联想词的前两位是一致的，也就是说，"可愛い（可爱的）""きれい（漂亮的）"既是最容易从"女子力"这一词语联想到的词语也是最能够形容"女子力"的词语。另外，从表4-3可以发现，"家庭的（家庭气质）"这一词语也是能够形容、描述"女子力"的词语，提到该词语的既有男性也有女性。除此之外，"女性らしい（女性气质）""淑やか（淑女的）""あたたかい（温暖的）""上品（高贵的）""美しい（美丽的）"亦是能够形容"女子力"的词语。表4-3所呈现的能够形容、描述"女子力"的词语与高井范子与冈野孝治（2009）指出的"女性らしさ（女性气质）"的相关表达有部分重合的词语，这些重合的词语是："可愛い（可爱的）""家庭的（家庭气质）""あたたかい（温暖的）""上品（高贵的）""美しい（美丽的）"。从这些重复的词语亦可以看出"女子力"与"女性らしさ（女性气质）"的关联，即提高"女子力"建构的"女性らしさ（女性气质）"与传统的"女性ら

しさ（女性气质）"有重合的地方。

如上所示，本次收集到的材料当中，调查对象提到两次以上（含两次）的能够形容、描述"女子力"的词语以及其具体词频可总结为表4-3，调查对象提到一次的能够形容、描述"女子力"的词语可总结如表4-4。

表4-4 描述、形容"女子力"的词语

性格・外貌・様子 （性格、外形、形象）	おしゃれ、えらい、すばらしい、ピンクチック、艶やか、主婦的、女子らしい、女性的、心優しい、清潔、優しい（时尚的、伟大的、精彩的、粉色格子、明媚的、主妇气质、女孩气质、具有女性气质的、善良的、干净、温柔的）
家事・料理 （家务、做饭）	家事うまい、料理が上手（擅长家务、擅长做饭）
気配り・態度 （细心周到、态度）	気が利く、きちんとした、気を遣える、細やか、抜かりない（机灵、可靠的、周到的、细致的、一丝不苟的）

与"女子力"的联想词相同，能够形容、描述"女子力"的词语可以总结为"性格、外形、形象""家务、做饭""细心周到、态度"这三个大的分类。其中，"性格、外形、形象"这个类别里的词语有"女子らしい（女孩气质）""女性的（具有女性气质的）"等与"女性らしさ（女性气质）"直接关联的词语，亦有"艶やか（明媚的）""清潔（干净）""心優しい（善良的）""優しい（温柔的）"等表示形象与性格的词语。同时，还有"主婦的（主妇气质）"这一与性别分工相关联的词语。米泽泉（2014）指出"女子力"是女性成为"女孩"的原动力，通过着装打扮，"女性"能够变回"女孩"，能够轻而易举地挣脱"母亲"与"妻子"的社会角色以及"贤妻良母"的性别规范，从这一点来看的话，"女子力"应该得到社会的认可[①]。但是通过此次问卷调查收集到的资料可以发现，脱离杂志纸面的"女子力"依然蕴含传统的性别角色分工内容。通过"女子力"不仅不能够使女性挣脱"母亲"与"妻子"这样的社会角色与"贤妻良母"

[①]「女子」として生きていくための原動力となっているものである。装いの力によって、女は「女子」となる。妻や母といった社会的役割、良妻賢母規範を軽やかに脱ぎ捨てるファッション誌の「女子力」はもっと評価されるべきであろう（米澤泉，2014）。

的性别规范,"女子力"本身也有可能再一次加深社会对女性的刻板印象,巩固关于女性的社会规范。

国立国语研究所(1972)指出,形容词起到形容"物"与"人"性质与状态及形容动作特点的作用。通过4.3.1节及4.3.2节的分析发现,"女子力"的联想词以及能够形容、描述"女子力"的词语中,存在很多描述"性格、外形、形象"的形容词。那么,"女子力"联想词中的形容词以及能够描述"女子力"的形容词与"女性"有什么关联呢?下一节主要从词语共现(コロケーション)的角度尝试分析能够修饰"女性"这一词语的形容词。在此基础上,进一步厘清"女子力"与女性的关联。

4.3.3 "女性"的共现形容词

与汉语的"女性"相同,日语"女性(じょせい)"[①]也是日语当中指称性别的常用词之一,其常见的使用方式有"修饰成分+女性"这一模式。其中,修饰"女性"这一名词的成分可为以下例(1)所示的"ベンチに座っている(坐在长椅上)"这样的动词短句,亦可为例(2)所示的"美しい(美丽的)"这样的形容词。一般"形容词+女性"这样的模式是形容与描述"女性"特点与状态的词语。本节将主要从词语共现(コロケーション)的角度出发,分析前接于"女性"的形容词特点,以此厘清这些形容词与"女子力"的联想词中的形容词以及能够形容、描述"女子力"词语中的形容词的异同点。

例:(1)ベンチに座っている女性は本を読んでいる。//坐在长椅上的女性正在读书。

(2)美しい女性は本を読んでいる。//美丽的女性在读书。

4.3.3.1 "女性"的前人研究

本节主要分析前接于"女性"这一词语的形容词及其所呈现的特点。指称女性这个性别的词语,除了有"女性"这一词语外,还有"婦人(妇

---

① 日语的"女性(じょせい)"与汉语中的"女性"一词为同形同义词。

女）""女（女人）"这些词语。那么，与"婦人（妇女）""女（女人）"相比，"女性"有什么样的特点？"女性"的语义具体有哪些？本节首先通过前人研究成果厘清"女性"的特点。

远藤织枝（1983）指出，日语"女性"这一词语的读音从"にょしょう（nyosyou）"发展到了"じょせい（jyosei）"。京极兴一（1994）从"语义""语体色彩""语言与政治的联系"这三个角度出发，分析了日语语言生活中"女性"这一词语被频繁使用的原因所在：首先，从"语义"这一角度来看，"女性"比"婦人（妇女）"的语义范围广，"女性"可以指整个女性群体，而"婦人（妇女）"有年龄限制，一般仅指成年女性或者已婚女性；其次，从"语体色彩"上来看，与"女（onna，女人）"及"婦人（妇女）"相比，"女性"更新式及正式，"女（onna，女人）"则略显粗俗，"婦人（妇女）"则略显陈旧；最后，从"语言与政治的联系"这一角度来看，"女性"这一词语在日语中之所以常用，是因为战后日本女性的政治地位及社会地位有了显著的提高，在这一背景下，许多行政机关在官方文件中多使用一些正式的、体现男女平等意识的词语，而"女性"就是众多词语中的一员。在近代日本，指称女性的词语经历了从"婦人（妇女）"到"女性"这一变化过程（鹿野政直，1989）；徐微洁（2014）指出，日语"女性"这一词语在语义上表示"女性"这一性别，在语体色彩上具有"新式、中立、正式"[①]的意义。

如上所述，前人研究强调，"女性"这一词语在语义上可以指称女性这一性别群体；在语体色彩上它具有新式、中立、正式的色彩。那么，具有中立色彩的"女性"都与哪些形容词搭配使用？这些形容词所修饰的女性具有什么样的特点？

4.3.3.2 分析材料与分析方法

本节的分析材料来自《现代日语书面语均衡语料库》。首先从《现代

[①] "新しい、中立、改まった"。

日语书面语均衡语料库》抽出"女性"的使用实例[1]；接着使用处理文本型数据的统计软件KH Coder[2]筛选出"女性"这一词语的形容词共现词。

因视角不同，不同学者对共现词（コロケーション）有不同的定义。堀正广（2009）将共现词定义为：词语与词语之间存在的词汇、语义以及语法等方面的习惯性共现关系[3]；山田进（2007）将共现词定义为名词与动词（バラが咲く）、形容词（形容动词）与名词（きれいなバラ）、副词与动词（ひっそり咲く）等分属不同词类的词语之间的搭配。本书基于山田进（2007）的定义，将共现词定义为：不同词类词语之间的搭配，更具体地说，就是指形容词（形容动词）与"女性"这一词语的搭配。

本节首先利用KH Coder勾画出日语"女性"这一词语的共现词网络，以此来掌握抽出数据的整体特征；接着，筛选出前接于"女性"这一词语的形容词；最后将前接于"女性"的形容词与"女子力"的联想词中的形容词及能够形容、描述"女子力"的形容词作对比，厘清其所呈现出的特点以及它们之间的异同点。

4.3.3.3 "女性"的共现形容词特征

KH Coder为处理文本型数据的统计软件，其搭载了可进行不同操作的命令，其中的"关联词检索（関連語検索）"[4]能够勾画出某一关键词的共现词网络图。本节使用"关联词检索（関連語検索）"这一命令勾画出"女性"的共现形容词网络，从而把握与"女性"共现的形容词的整体

---

[1] 检索软件使用《现代日语书面语均衡语料库》的搭配常用软件《中纳言》。同时，笔者在检索的时候选择了所有"年代"及所有"领域"。在设定这样的检索条件后，最终得到32996条检索结果。检索时间为2018年4月。

[2] KH Coder为樋口耕一开发的软件，该软件可以对文本型数据进行统计与处理，详细情况请参考樋口耕一（2014）。

[3] 語と語の間における、語彙、意味、文法等に関する習慣的な共起関係を言う（堀正広2009）

[4] 樋口耕一（2014）指出，通过使用该命令，能够探索出与某个特定词语拥有较强关联的词语。

特征①。

　　樋口耕一（2014）强调，共起网络（共起ネットワーク）是将出现模式相似的词，即共现程度强的词语用线连接起来的网络②。出现次数越多的词语在网络图中的圆就越大。"女性"与其形容词的共起网络如图4-2所示。

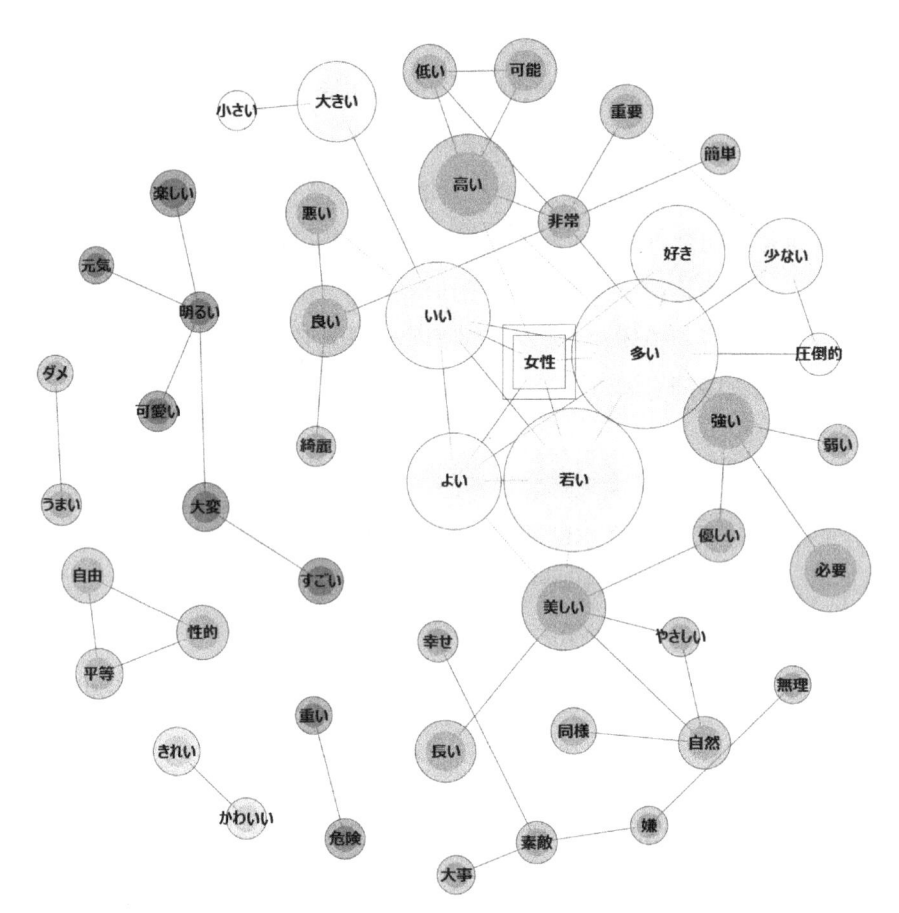

图4-2　与"女性"具有强关联词语的共现网络

---

① 这里的"女性"共现形容词不限定其共现位置。
② 樋口耕一（2014）强调，如果只是位置靠近，但没有用线连接起来的话，不具有强烈的共现关系。

图4-2是KH Coder将包含"女性"这一词语的文本里出现次数较高且具有特点的一些词语筛选后的结果，呈现了与"女性"这一词语联系紧密的词语。正方形方框表示检索条件，即"女性"一词。如上所述，出现次数越高的词语在网络图中的圆也就越大，因此，通过圆的大小可以得知，"多い（多的）""若い（年轻的）""よい（好的）""いい（好的）""好き（喜欢）""強い（强大的）""美しい（美丽的）"等词语在包含"女性"一词的文本中出现次数较高。另外，从图4-2可以看出，"多い（多的）""若い（年轻的）""いい（好的）""よい（好的）""好き（喜欢）"所在的圆与检索条件"女性"的方框用线所连接，可以说这些词语与"女性"具有较强的共现关系。与此同时，从图4-2可以得知，"きれい（漂亮的）""かわいい（可爱的）""やさしい（温柔的）""美しい（美丽的）"等形容性格与样貌的形容词以及"強い（强大的）""弱い（柔弱的）"等词语也在包含"女性"一词的文本中出现次数较多且具有特点。其中"きれい（漂亮的）"与"かわいい（可爱的）"、"やさしい（温柔的）"与"美しい（美丽的）"以及"強い（强大的）"与"弱い（柔弱的）"这些词语两两之间用线所连接，因此，这些词语具有较强的共现关系。整体上来看，"女性"与"多い（多的）""若い（年轻的）""よい（好的）""いい（好的）""好き（喜欢）"具有较强的共现关系，"かわいい（可爱的）"以及"きれい（漂亮的）""やさしい（温柔的）""美しい（美丽的）""強い（强大的）""弱い（柔弱的）"这些词语与"女性"这一词语的关联度较高。

4.3.3.4 前接于"女性"的形容词

图4-2是包含"女性"这一词语的文本当中词频较高的形容词的整体特征。通过图4-2可以从整体上掌握与"女性"这一词语关联度较高的词语。但从图4-2无法得知具体有哪些形容词前接于"女性"这一词语。本节将使用搭载在KH Coder里的检索命令"KWICコンコーダンス（前后文关键词）"筛选出前接于"女性"这一词语的形容词，在此基础上，根据检索结果分析前接于"女性"的共现形容词。值得注意的是，如例（3）、

例（4）所示，利用"KWICコンコーダンス（前后文关键词）"这一命令检索出的形容词中存在一些并不是直接修饰"女性"的词语，在具体分析过程中会把这些词语排除在外，仅分析直接修饰"女性"的形容词，这部分词语可以总结为表4-5。

例：（3）シングルであることに不安を感じている女性は多く、専業主婦志向が強い女性も少なくないというのが、私の実感です。//我真实地感受到，对单身感到不安的女性有很多，向往全职主妇的女性也不在少数。

（『ダカーポ』）

（4）仲のいい女性と隣同士に座って、そこから絶対動かない女性がいます。//有那种坐在她们亲近的女性身边，绝不挪动的女性。

（『ハッピーな女性の「恋愛力」』）

从表4-5可以读取三点主要内容。第一，前接于"女性"这一词语的形容词当中，"若い（年轻的）"的次数最多，也就是"若い女性（年轻的女性）"这一搭配的使用次数最多。从这一结果可以看出，人们倾向于从"年轻"这一视角评价女性。此外，正如"若い女性を中心に（以年轻女性为主）""若い女性客（年轻女性客人）""若い女性や子供たち（年轻女性和孩子们）"所表示的一样，"若い女性（年轻的女性）"不仅是修饰与被修饰的关系，"若い女性（年轻的女性）"已经形成了一个固定的范畴。河上誓作（1996）强调，"范畴化"是指人们在日常生活中将感觉到、体会到的各种各样的事物进行分组、总结的认知过程[①]。可以说，"若い女性（年轻女性）"作为"女性"的下位概念，是人们以"年龄"为标准对女性这一群体进行范畴化的结果。其具体使用例子如下所示。

---

① 人間が日常生活において知覚し経験する様々な事物をグループにまとめる認識上のプロセスをカテゴリー化という（河上誓作，1996）。

第 4 章 "女子力"的相关词分析

表 4-5　前接于"女性"的形容词及其词频（词频 5 次以上）[1]

形容词+"女性"（出现词语合计：30）
若い（813，年轻的）、美しい（103，美丽的）、素敵（56，绝妙的）、きれい（51，漂亮的）、小柄（27，娇小）、可愛い（26，可爱的）、素晴らしい（24，优秀的）、強い（15，强大的）、新しい（12，崭新的）、優しい（9，温柔的）、優秀（9，优秀的）、賢い（8，聪明的）、知的（8，知性的）、立派（8，出色的）、いい（7，好的）、エレガント（7，优雅的）、健康（7，健康的）、ふさわしい（7，合适的）、貧しい（7，贫穷的）、有名（7，有名的）、大柄（6，伟岸的）、可愛いらしい（6，可爱的）、大切（6，珍贵的）、不思議（6，不可思议的）、うら若い（5，年轻的）、完璧（5，完美的）、元気（5，活泼的）、しとやか（5，淑女的）、真面目（5，认真的）、有能（5，有能力的）

括号内为词频以及汉语译文

例：(5) ナチュラルフードを扱う専門店も、若い女性や主婦たちでにぎわっているようです。//经营天然食品的专卖店似乎也挤满了年轻女性和家庭主妇。

　　　　　　　　　　　　　　　（『農薬・添加物こうすれば安心して食べられる』）

(6) 数年前から「薬膳レストラン」と銘打った食事処が次々にオープンし、若い女性を中心としてなかなかの人気を集めているようだ。//近几年，以"药膳"为名的餐厅相继开业，尤其在年轻女性中颇受欢迎。

　　　　　　　　　　　　　　　　　　　　（『こんなにヤセていいかしら』）

(7) 中軽や南軽のペンションで、軽井沢気分を満喫した若い女性客は潮が引くように、都会へ引き上げて行った。//在中轻井泽和南轻井泽的民宿里享受了轻井泽氛围的年轻女性客人们，仿佛潮水一般退去，纷纷返回市区。

　　　　　　　　　　　　　　　　　　　　　　（『軽井沢・京都殺人事件』）

第二，"女性"与"美しい（美丽的）""きれい（漂亮的）""小柄（娇小）""可愛い（可爱的）""優しい（温柔的）""大柄（伟岸）""真面目（认真的）""エレガント（优雅的）""しとやか（淑女的）"等表示样貌、性格、形象的词语共现使用。从本次调查的结果可以发现，与"女

---

[1]　表 4-5 的形容词是将书写方式统一后的结果，比如若い（813，年轻的）是汉字"若い"以及假名"わかい"与"女性"的共现次数加起来后的结果。

性"这一词语共现次数最多的是"若い（年轻的）"一词，其次是"美しい（美丽的）"。佐竹久仁子（2011）指出，从美丑的角度定义女性的词语在《广辞苑》《大辞林》等字典的收录词条里并不少见，譬如"びじょ（美女）""びじん（美人）""ぶす（丑女）"等词语。通过本次调查可以发现，《现代日语书面语均衡语料库》中与"女性"共现的形容词也有类似的倾向。

第三，从表4-5可以发现，"女性"一词与"素晴らしい（精彩的）""素敵（绝妙的）""立派（卓越的）""知的（知性的）""賢い（聪明的）""有能（有能力的）""完璧（完美的）"以及"強い（强大的）"等词语共现使用。通过这些共现词可以看出，人们亦会从"能力"这一视角出发定义及评价女性，同时可以看出，语体色彩比较中立的"女性"的前接形容词富于多样性。

4.3.4 "女性"的共现形容词与"女子力"的比较

本节主要将"女性"这一词语的共现形容词与"女子力"的联想词中的形容词以及能够描述、形容"女子力"词语当中的形容词作一对比，厘清其中的异同点。

"女子力"联想词中的形容词以及能够描述"女子力"的形容词与"女性"的共现形容词存在部分重合的词语，这些词语是："美しい（美丽的）""可愛い（可爱的）""きれい（漂亮的）""優しい（温柔的）""しとやか（淑女的）"。同时，"女子力"联想词以及能够描述"女子力"的词又分别与"女子力"的共现形容词存在重合的词语。其中，"女子力"的联想词与"女性"的共现形容词相重合的词语有"素敵（绝妙的）""可愛らしい（可爱的）"这两个词语；能够描述"女子力"的形容词与"女性"的共现形容词相重合的词语是"素晴らしい（精彩的）"这一词语。从这些重合的词语可以看出，内含于"女子力"当中的"性格、外貌、形象"的特点与前接于"女性"、对"女性"进行修饰的词语具有共同点。"美しい女性（美丽的女性）""可愛い女性（可爱的女性）""きれいな女性（漂亮的女性）""優しい女性（温柔的女性）"这些词语从各种各样的视

角出发对"女性"予以区分与评价,而基于这些视角的区分与评价均内含于"女子力"这一概念当中。

"女子力"联想词中的形容词以及能够描述"女子力"的形容词与"女性"的共现形容词的共同点是,它们均有与"女性らしさ(女性气质)"相重叠的内容,如图4-3所示。

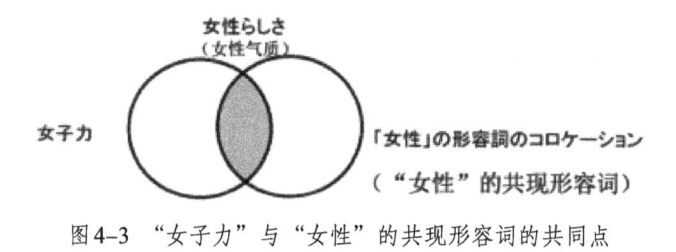

图4-3 "女子力"与"女性"的共现形容词的共同点

"女子力"联想词中的形容词及能够描述"女子力"词语中的形容词与"女性"的共现形容词存在的明显不同之处体现在"若い(年轻的)"这一词语上。通过表4-5得知,"若い(年轻的)"与"女性"的共现次数非常高。但"女子力"的联想词以及能够描述、形容"女子力"的词语当中并没有与"若さ(年轻)"相关的词语。笔者认为,出现这个不同之处的原因有两点:一是正如前面所分析的那样,"若い女性(年轻的女性)"已经是一个固定范畴,如此,"若い(年轻的)"与"女性"的共现次数自然就多;二是"女子力"蕴含能力因素,它具有无关年龄,谁都可能掌握的特点。笔者在4.3.1节指出,"女子力"蕴含的内容涉及三个领域,其中"待人接物的态度"这一领域的内容与年龄无关,是任何人身上都可能具备的特点。因此,"女子力"与"若さ(年轻)"相关词语的联系就比较薄弱。

4.4 本章总结

本章着重分析了"女子力"的联想词以及能够描述、形容"女子力"的词语。分析发现,"女子力"蕴含的内容由"性格、外貌、形象""家务、做饭""待人接物的态度"这三个领域构成。同时,"女子力"的内容呈现

了"女性らしさ（女性气质）"是被建构出来的创造物，而非天生的、本质的属性这一特点。本章后半部分着眼于语体色彩较为中立、正式的"女性"，对前接于"女性"的共现形容词与"女子力"联想词中的形容词以及能够描述"女子力"词语中的形容词作了比较。通过比较发现，"女性"一词与"若い（年轻的）"共现次数非常高，而"女子力"与"若さ（年轻）"相关内容的关联度较低。从这一比较结果可以看出，"女子力"是无关年龄的任何人都可能具备的一种能力。

第5章 "女子力"的使用情况

5.1 引言

"女子力"作为新词/流行词出现之后，通过杂志、电视、网络等媒体迅速传播，它的使用频率逐渐增高，使用群体逐渐扩大，于2009年入选日本一年一度"U-CAN新語・流行詞大賞"的候补词语。随后，"女子力"的使用渐趋稳定，从流行词发展成为一般性词汇。"女子力高いね（女子力真强啊）""女子力だね（这是女子力啊）"等语言也频繁出现在日语日常会话当中。本章主要探讨日常会话中"女子力"的使用情况及其所呈现的特征。

在具体分析步骤上，5.2节介绍本章的分析材料及分析方法；5.3节主要从"说话人"视角出发，依次分析"女子力を使う相手（对谁使用女子力）""女子力を使う対象となる事柄（因为对方什么特征而使用女子力，即女子力的具体体现）""具体的な表現（使用时的具体表达）""使う目的（使用目的）""相手の反応（使用后对方的反应）"；5.4节从"听话人"视角出发，依次分析"女子力を使った人（谁对调查对象使用了女子力）""女子力と言われる対象となった事柄（因为什么事情对调查对象使用了女子力）""具体的な表現（使用时的具体表达）""目的（使用的目的）""反応（使用之后调查对象的反应）"；5.5节聚焦于对"女子力高いね（女子力真强啊）"这句话，着重分析调查对象对这句话的应答情况及其所呈现的特征；5.6节总结本章内容。

5.2 分析材料与分析方法

如第2章所述，本书的问卷调查由九个问题组成。本章主要聚焦于调查对象对以下三个问题的回答，对其进行详尽分析。通过探讨调查对象对这三个问题的回答，廓清"女子力"的使用情况。

问题6：「女子力」およびそれを含むことばを誰かに使ったことがありますか。ありましたら、どこで誰（性別、関係）にどんな言い方で使ったか、相手はどのような反応をしたかを具体的に教えてください。//您有没有对别人使用过"女子力"这个词语？有的话，您是在哪里、对谁（性别、关系）、以哪种表达形式使用的？使用后，对方的反应是什么？

问题7：「女子力」およびそれを含むことばを誰かに使われたことがありますか。ありましたら、どこで誰（性別、関係）にどんな言い方でその時の自分の反応を具体的に教えてください。//有没有人对你使用过"女子力"这个词语？有的话，是谁（性别、关系）、在哪里、以哪种表达形式对您使用了"女子力"这个词语？使用后，您的反应是怎样的？

问题8：「女子力が高いね」と言われたら、それに対しての返事はしますか。するなら、どのような発話をしますか。しないなら、その理由を教えてください。//如果有人对您说"女子力真强"这句话，您会对此作出应答吗？如果应答的话，您会回复什么？如果不应答的话，不应答的理由是什么？

笔者发现调查对象在回答以上三个问题的时候，使用了许多引用，如以下例（1）、例（2）、例（3）所示。"引用"属于"メタ語用（元话语）"范畴（坪井睦子，2016），它是将自己或者他人过去说过的话从当时的语境分离后进行"再现/具体化"地使用（坪井睦子，2016；小山亘，2009；Silversein, 1993）[①]。从下面的例子可以看出，问卷调查对象回想自己的经

---

① 他の人または自分自身の以前のどこかでの語用をもとのコンテクストから切り離して、「再現（レプリカ）/具現化」する言語使用である（坪井睦子，2016；小山亘，2009；Silverstein, 1993）。

历时，会引用自己或他人当时的语言来描述当时的情况从而再现"女子力"使用时的语境。本章主要着眼于"引用"以及围绕"女子力"使用时的场景"再现"进行分析。

例：

（1）飲み会の場でサラダを取り分けてくれた男友達にふざけて「女子力あるね」とほめた。照れていた。//聚会上，开玩笑地表扬了一下给我分沙拉的男生说："你真有女子力呀。"他当时有些害羞。

（2）母に女子力を磨きなさいと軽く言われた。面倒くさいな、と感じた。//妈妈轻微地嘱咐我说："要磨练女子力。"我觉得很麻烦。

（3）あんたも真似しろ！と冗談交じりに言う。//半开玩笑地说："你也学学吧！"

首先，5.3节通过分析调查对象对问题6的回答，厘清从"说话人"视角出发所观察到的"女子力"的使用情况；接着，5.4节通过分析调查对象对问题7的回答，阐释从"听话人"视角出发观察到的"女子力"的使用情况；最后，5.5节通过分析调查对象对于问题8的回答，厘清日常会话当中调查对象对"女子力高いね（女子力真强啊）"这句话的应答类型及其所呈现的特点。本书对"話し手（说话人）"以及"聞き手（听话人）"的定义如下。

話し手（说话人）：对他人使用"女子力"的调查对象。

聞き手（听话人）：被他人使用"女子力"的调查对象。

5.3 从"说话人"视角看"女子力"的使用情况

本节着重分析从"说话人"视角观察到的"女子力"的使用情况。

5.3.1 分析材料

本节的分析材料来自调查对象对"您有没有对别人使用过'女子力'这个词语？有的话，您是在哪里、对谁（性别、关系）、以哪种表达形式使用的？使用后，对方的反应是什么？"这一问题的回答。对于这一问

题，未作回答的调查对象有11人，回答"没有使用过"或者"不怎么使用"的有13人，剩余40名均对此问题作了有效回答。这40名调查对象的回答构成了本节的分析材料。如以下例子所示，这些分析材料是通过描述"对谁使用""使用时候的具体句子""因为什么使用女子力"等当时的情况记述下来的，即调查对象"再现"了当时使用"女子力"的场景。下面将依次分析"女子力を使う相手（对谁使用女子力）""女子力を使う対象となる事柄（因为什么事情使用女子力）""具体的な表現（使用时的具体表达）""使う目的（使用目的）""相手の反応（使用后对方的反应）"，廓清从"说话人"视角观察到的"女子力"的使用情况及其所呈现出的特征。

例：飲み会の場でサラダを取り分けてくれた男友達にふざけて「女子力あるね」とほめた。照れていた。//聚会上，开玩笑地表扬了一下给我分沙拉的男生说："你真有女子力呀。"他当时有些害羞。

5.3.2 对象

表5-1为"女子力"使用对象的性别及回答者数量。从表5-1可以看出，调查对象当中的女性对同性使用"女子力"的次数较多，而男性对同性以及异性使用"女子力"的次数基本相同。

表5-1 "女子力"的使用对象及回答者数量

女性调查对象		男性调查对象	
使用对象（相手）	回答者数量	使用对象（相手）	回答者数量
女性	14	女性	7
男性	2	男性	8
不分性别	1	不分性别	1
未提及	5	未提及	2

表5-2为调查对象与"女子力"使用对象的关系及回答者数量。从表5-2可以看出不论是女性调查对象还是男性调查对象均对"朋友"使用"女子力"的情况较多。

表5-2　回答者与"女子力"的使用对象的关系及回答者数量

女性调查对象		男性调查对象	
使用对象（相手）	回答者数	使用对象（相手）	回答者数
朋友	16	朋友	10
未提及	6	未提及	8

通过表5-1及表5-2可以得知，从性别来看，女性调查对象与男性调查对象均会对异性使用"女子力"。同时，本次调查结果呈现出女性调查对象对于同性使用"女子力"的情况要多于对异性使用的情况。另外，女性调查对象和男性调查对象均会对自己的朋友使用"女子力"。

5.3.3 "女子力"的具体体现（"说话人"视角）

本节主要分析调查对象对对方使用"女子力"的原因所在，即调查对象观察到的对方身上的"女子力"的具体体现（具体事物或者行为）。在厘清这一点的基础上，分析调查对象观察到的女性身上的"女子力"与男性身上的"女子力"的异同点。

调查对象回答问题过程中的"女子力"具体体现，即被认为是"女子力"的具体事物及行为且可按以下方式进行分类。

例：

（1）ハンカチを持っていたり、ボタンが取れたときにさっと裁縫セットを取り出してボタンをつけたりしている女の子を見たときに女子力が高いと褒める。//当看到女孩们随身携带手帕或在纽扣脱落时迅速拿出针线盒缝上扣子时，会称赞她们女子力真强。

「ハンカチを持つ」➡【所持物】（携带手帕➡携带物）

「裁縫セットを取り出す、ボタンをつける」➡【所持物】&【器用さ】（取出针线盒、缝扣子➡携带物&巧手）

（2）おしゃれな人に対して女子力高いね、と。//对非常时尚的人会说：女子力真强啊。

「おしゃれ」➡【外見】（时尚➡外形）

（3）女性の友達に対して。手料理をご馳走してもらった時。感心した様子で「女子力高いねー」ありがとうと嬉しそうにしていた。//对女性朋友。她请我吃她亲手做的菜时，我佩服地说：女子力真强啊。她高兴地对我说谢谢。

「手料理をご馳走してもらう」➡【料理】&【授受行動】

（为我做饭➡做饭&恩惠行为）

（4）飲み会の場でサラダを取り分けてくれた男友達にふざけて「女子力あるね」とほめた。照れていた。//聚会上，开玩笑地表扬了一下给我分沙拉的男生说："你真有女子力呀。"他当时有些害羞。

「サラダを取り分けてくれる」➡【授受行動】（为我分沙拉➡恩惠行为）

以上例子表明，一个回答中可以有两个"女子力"的具体体现。譬如例（1）中的"女子力"的具体体现包括"携带物""巧手"，而例（3）观察到了"做饭""恩惠行为"这两个"女子力"的具体表现。同时"携带物"这一"女子力"的具体体现不仅指携带的物品，亦指"携带"这一行为。此外，"ご馳走してもらう（为我做饭）"包含恩惠给予以及恩惠接受这一互动行为。这里之所以强调行为的意义是因为如在第3章所述，"女子力"不仅体现在某个"物"上，亦体现在某个"行为"上，因此体现"女子力"的互动行为是不可忽视的。

按照上述分类方法，调查对象回答问题过程中的"女子力"的具体体现（物及行为）能够划分为"携带物""做饭""巧手""外形""恩惠行为"这五个类别。每一个类别及其具体定义如表5-3所示。

表5-3 "女子力"的具体类别及其定义（"说话人"视角）

类别	定义
所持物 （携带物）	相手が持っているものおよびそれに関わる行為 （对方携带的物品以及与之相关的行为）
料理 （做饭）	食べ物およびそれに関わる行為 （食物以及与之相关的行为）

续表

类别	定义
器用さ （巧手）	裁縫などの手芸に関わるものおよびそれに関わる行為。（针线等与手工相关的物品及行为）
外見 （外形）	髪型、服装、容貌、ファッションなどに関わるものおよび行為 （发型、服装、容貌、时尚相关的物品及行为）
授受行動 （恩惠行为）	利益が伴う行動 （伴随恩惠的行为）

下面将对"女子力"的具体体现，即调查对象（说话人）评价为"女子力"的物品及行为进行详细分析。首先，根据表5-3的定义，对调查对象回答问题中被评价为"女子力"的物品及行为进行分类；然后按照该"女子力"持有者的性别进行细致分析。调查对象回答问题中被评价为"女子力"的具体体现可总结为表5-4。

表5-4 "女子力"的具体表现（说话人视角）

所持物（携带物）	絆創膏（创可贴）、絆創膏を常備している（常备创可贴）、ハンカチ（手帕）、ハンカチを持つ/出す（携带手帕/拿出手帕）、裁縫セット（针线套装）、裁縫セットを取り出す（取出针线套装）、ティッシュ（纸巾）、ティッシュを持つ（携带纸巾）、化粧品（化妆品）、メイク（化妆）、メイクを持つ（携带化妆品）
料理（做饭）	手料理（自己做的饭菜）、お弁当（便当）、お弁当を作る（做便当）、ケーキ（蛋糕）、ケーキを焼く（烤蛋糕）、料理（做饭）、料理を作る/がうまい（做饭/做的饭菜好吃）、お菓子作り好き（喜欢做点心）、弁当の具材は冷凍食品ではない（便当的食材不是冷冻食品）、手作り料理（自己做的饭菜）、手作り料理の写真をSNSに（将自己做的饭菜的照片上传到社交网站）、ケーキを作るのが趣味（兴趣爱好是烤蛋糕）、お菓子づくりが趣味（兴趣爱好是做点心）、料理が出来る/得意（会做饭/擅长做饭）
器用さ（巧手）	アクセサリーを手作りするのが趣味（兴趣爱好是动手制作首饰）、ボタンをつける（缝扣子）、手芸（手工）、手芸がうまい（擅长做手工）、作ったイヤリングが可愛い（制作的耳环非常可爱）
外見（外形）	おしゃれ（时尚）、かわいらしさ（可爱）、香り（香味）、毎日ヘアアレンジをしている（每天整理头发）
授受行動 （恩惠行为）	絆創膏をもらう/くれる（给我创可贴）、気遣いをしてくれる（对我很细心）、手料理をご馳走してもらう（为我做饭）、ティッシュを渡してくれる（递给我纸巾）、ウェットティッシュをくれる（给我递湿巾）、ハンカチなどを貸してくれる（给我借手帕）、水やおしぼりを持ってきてくれる（给我端水、拿湿毛巾过来）、サラダを取り分けてくれる（给我分沙拉）、ハンカチをあげる（给别人手帕）

· 97 ·

从表5-4可以看出，说话人（调查对象）会因为对方常备创可贴，随身携带纸巾、化妆品等携带物以及与之相关的行为而对对方使用"女子力"，亦会因为对方自己做饭、擅长做饭、喜欢做蛋糕等行为而对对方使用"女子力"。同时，也会因为对方会缝扣子、擅长手工、时尚、制作的耳环很可爱等与心灵手巧方面相关的内容等而对对方使用"女子力"。最后，说话人（调查对象）也会因为对方"给了我创可贴""对我细心周到""给我递纸巾"等伴有恩惠给予与接受的行为而对对方使用"女子力"。表5-4是"女子力"具体体现的全部内容。若将其按照持有者的性别进行分类的话，男性持有者的"女子力"与女性持有者的"女子力"会有什么样的异同点呢？

表5-5表明，说话人（调查对象）会因为对方（女性）的携带物、做饭、巧手、外形、恩惠行为而对其使用"女子力"。那么，可以说，女性身上的"女子力"体现在"携带物""做饭""巧手""外形""恩惠行为"这些方面。

表5-5 "女子力"的具体体现（持有者性别：女性）

所持物（携带物）	絆創膏（创可贴）、ハンカチ（手帕）、ハンカチを持つ（携带手帕）、裁縫セット（针线套装）、裁縫セットを取り出す（取出针线套装）、ティッシュ（纸巾）、化粧品（化妆品）
料理（做饭）	手料理（自己做的饭）、お弁当（便当）、お弁当を作る（自己做便当）、ケーキ（蛋糕）、ケーキを焼く（烤蛋糕）、料理（做饭）、料理を作る/がうまい（自己做饭/自己做的饭很好吃）、お菓子作り好き（喜欢做点心）
器用さ（巧手）	ボタンをつける（缝扣子）、手芸（手工）、手芸がうまい（擅长手工）
外見（外形）	かわいらしさ（可爱）、香り（香味）、毎日ヘアアレンジをしている（每天打理头发）
授受行動（恩惠行为）	絆創膏をもらう/くれる（给我创可贴）、気遣いをしてくれる（对我很细心）、手料理をご馳走してもらう（为我做饭）、ティッシュを渡してくれる（给我递纸巾）、ウェットティッシュをくれる（给我递湿巾）、ハンカチなどを貸してくれる（给我借手帕）

表5-6表明，"说话人"会因为对方（男性）的携带物、做饭、恩惠

行为而对其使用"女子力",换言之,男性的"女子力"体现在"携带物""做饭""恩惠行为"这些方面。结合表5-5能够看出,对男生能够使用的"女子力"的范畴要比对女性能够使用的范畴小,表5-7呈现了具体的区别。

表5-6 "女子力"的具体体现(持有者性别:男性)

所持物(携带物)	ハンカチ(手帕)、ハンカチを持つ/出す(携带手帕/取出手帕)
料理(做饭)	手作り料理(自己做的饭)、手作り料理の写真をSNSに(将自己做的饭的照片上传到社交网站)、お弁当(便当)、弁当を作る(做便当)、ケーキを作るのが趣味(兴趣爱好是烤蛋糕)、お菓子づくりが趣味(兴趣爱好是做点心)、料理(做饭)、料理が出来る/得意(会做饭、擅长做饭)、お菓子作り好き(喜欢做点心)
授受行動(恩惠行为)	水やおしぼりを持ってきてくれる(给我端水、拿毛巾过来)、サラダを取り分けてくれる(给我分沙拉)、ウェットティッシュをくれる(给我湿巾)、ハンカチをあげる(给别人手帕)

表5-7 男女"女子力"的对比

女性	男性
所持物(携带物)、料理(做饭)、授受行动(恩惠行为)、器用さ(巧手)、外見(外形)	所持物(携带物)、料理(做饭)、授受行动(恩惠行为)

所持物(携带物)

"说话人"会因为女性及男性的"携带物"而对其使用"女子力",在这一点上,女性与男性的"女子力"是相同的。具体的携带物表现在"手帕""纸巾""创可贴"及"化妆品"上。另外,"女子力"不仅体现在"手帕"等"物品"上,亦体现在"持つ(携带)""出す(拿出)"等与该物品相关的行为上。

料理(做饭)

"说话人"会因为女性及男性"做饭"而对其使用"女子力",在这一点上,女性及男性的"女子力"亦是相同的。具体体现在"烤蛋糕""将自己做的饭菜照片上传到社交网络""做便当""兴趣爱好是做点心""会做饭/擅长做饭"等行为上。

授受行動（恩惠行为）

女性与男性的"女子力"还有一个共同之处就是"授受行動（恩惠行为）"，也就是说"说话人"会因为女性及男性的"授受行動（恩惠行为）"而对其使用"女子力"。譬如"気遣いをしてくれる（对我细心周到）""ティッシュをすぐに渡してくれる（马上为我递纸巾）""水やおしぼりを持ってくれる（给我端水、拿毛巾过来）""絆創膏をくれる/もらう（给我创可贴）""サラダを取りわける（给我分沙拉）"等表示恩惠给予与恩惠接受的动词（授受动词）就充分说明了这一点。如笔者在第3章所言，这些属于被行为化了的"女子力"，"女子力"通过恩惠的传输与接受而体现。

器用さ（巧手）、外見（外形）

男性及女性"女子力"的不同之处体现在"说话人"会因为女性的"外形""巧手"而对其使用"女子力"，但不会对男性的"外形""巧手"使用"女子力"。这两个方面的"女子力"具体体现为"可爱""香味""缝扣子"等特点或者行为。从这个具体体现可以得知，女性的"女子力"蕴含外形及心灵手巧等方面的内容，而男性的"女子力"并不会体现在这两个方面。

综上所述，作为"说话人"的调查对象，会因为女性的"携带物""做饭""巧手""外形""恩惠行为"而对其使用"女子力"。这几个方面的具体内容如"手帕""针线套装""缝纽扣""做饭、做便当""可爱""香味""对我细心周到"等多被认为是"女性らしさ（女性气质）"。同时，这些具体体现在"男主外、女主内"的传统性别角色分工上，一般都是由女性担当与负责。换言之，作为调查对象的"说话人"会因为女性具备与"女性らしさ（女性气质）"相关的内容或者因为某个女性的行为符合传统性别角色分工，而对其使用"女子力"。但对男性，只会因为其表现出"携带物""做饭""恩惠行为"等所为而对其使用"女子力"。从这一点亦可看出，"女子力"与"女性らしさ（女性气质）"及传统性别分工、性别规范联系密切。但另一方面，即使男性的"女子力"范围小于女性的"女子力"，依旧能从"ハンカチを持つ（携带手帕）""サラダを取り分

ける（给我夹菜）""料理が出来る（会做饭）""お菓子作りが趣味（爱好做点心）"等男性的"女子力"的具体表现看出传统性别规范所发生的变化。

5.3.4 具体表达及使用目的

本节通过分析与"女子力"使用相关的"メタ語用（元语用）"，厘清调查对象作为"说话人"使用"女子力"时的具体表达、使用"女子力"的目的及使用"女子力"后使用对象的反应。"女子力"的元语用材料中，有许多引用，如下面例子所示。

例：友達の手料理を食べて「女子力高いね」と言った。相手は嬉しそうだった。//吃了朋友亲手做的菜，对她说："女子力真强啊。"对方看起来很高兴。

这些伴有引用的记述在男性调查对象的回答及女性调查对象的回答中均可观察到。将其中的引用进行整理的话，可以发现，使用"女子力"的具体表达有以下三种类型。

①女子力ある（ね/よね）（女性・男性）//你真有女子力啊。
②女子力高い（な/ね）（女性・男性）//你的女子力真强啊。
③女子力貸して（女性）//给我借一下你的女子力。

从女性调查对象的回答中可以观察到①～③三种表达方式，从男性调查对象的回答中可以观察到①②两种表达方式。从这些表达可以看出，"女子力"会与表示高低的"高い"及表示存在的"ある"搭配使用。同时，从女性调查对象的回答可以看出，"女子力"也会与表示借出的"貸す"搭配使用。

女性调查对象及男性调查对象记述中的引用动词可以整理为"言う（说）""ほめる（表扬）""頼む（依赖）""使う（使用）"这四个词语。同时，伴随引用的还有调查对象对当时语境以及使用对象（听话人）心情的具体描述，譬如有"冗談（开玩笑）""感心（感动）""嬉しそう（开心的样子）"等反应。以下资料5-1与资料5-2是女性调查对象的记述，资料5-3与资料5-4是男性调查对象的记述。下面将对女性调查对象的记

述及男性调查对象的记述做详尽分析。

资料5-1：女性➡女性

（1）ハンカチを持っていたり、ボタンが取れたときにさっと裁縫セットを取り出してボタンをつけたりしている女の子を見たときに女子力が高いと褒める。（女性、20代）//当看到女孩们随身携带手帕或在纽扣脱落时迅速拿出针线盒缝上扣子时，会称赞她们女子力真强。（女性，20—29岁）

（2）友達の手料理を食べて「女子力高いね」と言った。相手は嬉しそうだった。（女性、10代）//吃到朋友亲手做的菜时，会说："女子力真强啊。"对方好像很高兴。（女性，10—19岁）

（3）トイレで手を洗う時ハンカチを忘れたので友達に「女子力貸して」と頼んだことがある。ハンカチ=女子力の象徴として女子力を貸してと言った。（女性、20代）//在厕所洗手的时候忘记带手帕了，所以拜托朋友说"给我借一下你的女子力。"手帕=女子力的象征，所以说了借女子力。（女性，20—29岁）

通过（1）的引用动词"褒める（表扬）"以及（2）的对方的反应"嬉しそう（开心的样子）"可以看出，女性会将"女子力が高い（你的女子力真强）"这句话当作表扬别人的话来使用。表扬的"女子力"的具体体现是"带着手帕""取出针线组合缝纽扣"以及"自己做的饭"。通过调查对象记述的材料（3），可以看到"女子力"亦可与表示"借出"意思的"貸す"搭配使用，具体表达为"女子力を貸して（给我借一下你的女子力）"。资料5-1表明，调查对象使用"女子力"的具体表达不仅有表示赞赏意义的评价话语，还有将"女子力"当作能够出借之物的表示请求依赖的话语。从这些具体表达可以看出，"女子力"不仅是一种被赞扬的能力，同时也是互动行为中能够出借的对象。

资料5-2：女性➡男性

（1）男の友達。料理が出来るなど。いや、男子だから。という反

应。(女性、20代)//男性朋友。会做饭等。他的反应是：不，因为是男生。(女性，20—29岁)

（2）男性の友人に、料理が得意だということに対して使った。そんなことないよと言った。(女性、20代)//对男性朋友。针对他擅长做饭这件事使用了"女子力"。他的反应是：没有那样的事。(女性，20—29岁)

女性调查对象在记述中虽没有写下对男性使用"女子力"时的具体表达方式，但从资料5-2可以看出，女性调查对象会因为男性"做饭"，而对其使用"女子力"。另外，从"いや、男だから（不，我是男生）"这个反应可以看出，男性如果被说具有"女子力"，会使用"いや（不）""男だから（我是男生）"这样的形式进行回应。

资料5-3：男性➡男性

（1）飲み会で冗談として、男性にも「女子力あるね/高いね」という旨の発言をした。その場の冗談として受け取られた。(男性、20代)//在聚会上，开玩笑地对男性说过"有女子力啊/好强啊"这类的话。被当作那个场合的玩笑话接受了。(男性，20—29岁)

（2）男友達とご飯に行った際、水やおしぼりを持ってきてくれたときに「女子力高いね」とふざけて言ったりする。反応としては「でしょ?」とよく言われることが多い。(男性、20代)//和男性朋友一起去吃饭的时候，当他给我拿水和毛巾的时候，我会开玩笑地说："女子力真强啊。"他们经常给出的反应是"是吧?"(男性，20—29岁)

（3）飲み会の場でサラダを取り分けてくれた男友達にふざけて「女子力あるねとほめた。照れていた。(男性、20代)//聚会上，开玩笑地表扬了一下给我分沙拉的男生说："你真有女子力呀。"他当时有些害羞。(男性，20—29岁)

（4）ケーキを作るのが趣味の男の友達に「女子力があるね」と言いました。相手は「そんなことないよ」と謙遜していました。女子力は本来女子に使われる言葉なので、冗談に近かったです。(男性、20代)//对爱好做蛋糕的男性朋友说："有女子力啊。"对方谦虚地说："没有那样

的事。"因为"女子力"本来是对女性使用的话语，所以我说的时候接近于开玩笑。（男性，20—29岁）

从5.3.2节的表5-1得知，此次调查范围内，回答会对同性使用"女子力"的男性调查对象共计8人。调查还显示，回答会对同性使用"女子力"的4名男性调查对象写了"冗談（开玩笑）""ふざけて（调侃）"等词语。从这些词语可以看出，男性一般会将"女子力"作为"玩笑"及"调侃"的话语而对同性使用。同时，从"表扬"及调查对象记述的"照れていた（害羞）""そんなことはないよ（没有那回事）"等对方的反应可以看出，男性也会把"女子力"当作"ほめ（表扬）"的话语对对方使用。因此，整体来看，男性会把"女子力"当作"冗談としてのほめ（作为玩笑话的表扬）"而使用。

另外，还有部分男性调查对象并没有写明自己对女性使用"女子力"的意图，但从资料5-4中的"ありがとうと嬉しそうにしていた（高兴地说谢谢）""照れくさそう（害羞的样子）"等对方的反应可以看出，"女子力高いね（女子力真强啊）"是作为"ほめ（表扬）"的话语而对对方使用。

资料5-4：男性➡女性

（1）女性の友達に対して。手料理をご馳走してもらった時。感心した様子で「女子力高いねー」ありがとうと嬉しそうにしていた。（男性、20代）//当女性朋友给我做饭吃的时候，我会很佩服地说："女子力真强啊。"这时他们会开心地表达感谢。（男性，20—29岁）

（2）毎朝お弁当を作っているクラスの女の子に「女子力高いね」と感心するように言いました。照れくさそうな反応をしました。（男性、20代）//我对班上一个每天早上自己做便当的女孩说："女子力真强啊。"她的反应是很害羞。（男性，20—29岁）

综上所述，男性调查对象会把"女子力高いね/あるね（女子力真强啊/很有女子力啊）"当作"ほめ（表扬）"的话语而对同性及异性使用。与此同时，男性调查对象也会把这些话语当作"冗談（玩笑）"来调侃同

性，这一点较为特殊。从男性使用"女子力"的相关描述可以看出，一方面"女子力"已经超越"女子"这一字面意义所限制的性别，作为一种"能力"进入男性领域，"女子力"亦可以对男性使用；但另一方面，"女子力"原本属于女性性别领域的这一认知，使得男性对男性使用"女子力"时会产生一种距离感与不自然感。因此，男性会以一种"冗談（开玩笑）""ふざけて言う（调侃）"的方式对同性使用"女子力"。同时，资料5-3中的"女子力は本来女子に使われる言葉なので、冗談に近かったです（女子力本来是对女性使用的话语，我说的时候接近于开玩笑）"也正好能够说明这一点。

5.3.5 小结

第一，性别上，不论是女性调查对象还是男性调查对象都会对同性及异性使用"女子力"；第二，女性调查对象及男性调查对象对"朋友"使用"女子力"的情况较多；第三，调查对象一般会因为女性的"携带物""做饭""外形""巧手""恩惠行为"而对其使用"女子力"，但仅会因为男性的"携带物""做饭""恩惠行为"而对其使用"女子力"；第四，调查对象对他人使用"女子力"时一般使用的具体表达有：（1）"女子力あるね/よね（你真有女子力啊）"，（2）"女子力高いな/ね（你的女子力真强）"，（3）"女子力貸して（给我借一下你的女子力）"；第五，通过分析"ほめ（表扬）"及"冗談（玩笑）""ふざけて言う（调侃）"等由调查对象记述下的描述具体语境的语言标识发现，女性会将"女子力あるね/よね（你真有女子力啊）""女子力高いな/ね（你的女子力真强）"作为"ほめ（表扬）"的话语对同性使用，而男性一般会以"冗談としてのほめ（作为玩笑话的表扬）"对同性使用。从这个区别来讲，男性对"女子力"这一词语怀有一定的距离感。

本节主要从调查对象作为"说话人"的视角出发，厘清了"女子力"的使用情况。"女子力あるね/よね（你真有女子力啊）""女子力高いな/ね（你的女子力真强）""女子力貸して（给我借一下你的女子力）"等表明，从调查对象作为"说话人"视角观察到的使用"女子力"时的具体

表达均是认可"女子力"的表达方式。同时,从"说话人"的使用意图来看,女性调查对象是为了"ほめ(表扬)"对方而使用这些具体表达,男性调查对象亦是将这些具体表达当作"ほめ(表扬)"或者"冗談としてのほめ(作为玩笑话的表扬)"而对对方使用。那么,假若调查对象作为"听话人"的话,也会认可"女子力"吗?他人对调查对象使用"女子力あるね/よね(你真有女子力啊)"时,调查对象也会将其当作"ほめ(表扬)"来接受吗?下一节主要分析调查对象作为"听话人"记述的"女子力"的使用情况,并就此与调查对象作为"说话人"记述的"女子力"的使用情况作比较分析。

5.4 从"听话人"视角看"女子力"的使用

5.3节主要从调查对象作为"说话人"的视角出发,分析了"女子力"的使用情况。那么,从调查对象作为"听话人"的视角来看的话,"女子力"的使用情况是怎样的?其又与"说话人"视角呈现出的"女子力"的使用情况有什么不同呢?本节主要分析调查对象作为"听话人"所观察到的"女子力"的使用情况。在此基础上,厘清"说话人"视角以及"听话人"视角下观察到的"女子力"使用情况的异同点及所呈现的特点。

5.4.1 分析材料

本节主要分析从问卷调查的问题7收集到的材料。

问题7:「女子力」およびそれを含むことばを誰かに使われたことがありますか。ありましたら、どこで誰(性別、関係)にどんな言い方でその時の自分の反応を具体的に教えてください。//有没有人对你使用过"女子力"这个词语?有的话,是谁(性别、关系),在哪里、以哪种表达形式对您使用了"女子力"这个词语?使用后,您的反应是怎样的?

对于这一问题的回答,未作回答的调查对象有15人,回答"不记得了"及"没有人对我说过"的调查对象有23人,26人对问题7作了有效回答,这些回答构成了"听话人"视角所记述的"女子力"使用情况的元

语用材料。如以下例（1）及例（2）所示，从这些材料可以观察到①对"听话人"（调查对象）使用"女子力"的人的基本情况，②"女子力"在调查对象身上的具体体现，③使用时的具体表达，④"听话人"（调查对象）的反应等内容。本节主要着眼于这些内容，对"听话人"视角下的"女子力"的使用情况作详尽分析。

例：（1）男性の友人にハンカチを使っていて言われた。ありがとうと言った。（女性、20代）

（2）異性の友人に女子力あるなと言われたが、まぁ嬉しかった。（男性、20代）

5.4.2 使用"女子力"的人

通过表5-8可以看出，同性及异性会对问卷调查的调查对象使用"女子力"，这与5.3节观察到的调查对象作为"说话人"对别人使用"女子力"时的使用对象的性别分布呈现相同的倾向，即调查对象作为"说话人"会对同性及异性使用"女子力"，作为"听话人"同性及异性亦会对其使用"女子力"。但男性调查对象作为"听话人"记述的对其使用"女子力"的人的性别分布与作为"说话人"记述的对别人使用"女子力"时对象的性别分布呈现不同之处。作为"说话人"明确表明自己会对"男性"使用"女子力"，但作为"听话人"，没有明确记述"男性"会对其使用"女子力"。

表5-8 使用"女子力"的人及回答者数量

女性调查对象		男性调查对象	
使用的人	回答者数量	使用的人	回答者数量
女性	3	女性	4
男性	2	男性	0
不分性别	3	不分性别	1
未言及	9	未言及	4

表5-9呈现了"听话人"（调查对象）与对其使用"女子力"的人的关系。从表5-9可以看出，"朋友"对"听话人"（调查对象）使用"女子力"的情况较多，但也有一个女性调查对象写道，"长辈（母亲）"会对自己使用"女子力"。从男性调查对象的回答可以看出，与女性调查对象相同，朋友对其使用"女子力"。整体而言，调查对象的"朋友""母亲""女朋友"会对其使用"女子力"，而这些人都是与调查对象关系较为亲密的人。

表5-9　回答者与对其使用"女子力"的人的关系及回答者数量

女性调查对象		男性调查对象	
使用的人	回答者数量	使用的人	回答者数量
朋友	10	朋友	3
母亲	1	女朋友	1
未提及	6	未提及	5

5.4.3 "女子力"的具体体现（"听话人"视角）

本节主要分析他人对"听话人"（调查对象）使用"女子力"的原因所在，即"听话人"（调查对象）身上的"女子力"的具体体现。同时，将其与5.3节"说话人"视角观察到的"女子力"的具体体现作一对比，厘清其中的不同之处。

通过问题7收集到的材料中的"女子力"的具体体现，亦可按照5.3节的分类方式进行分类。

例：（1）ティッシュを差し出したら、女子力たかいね。といわれた。うれしかった。//递出纸巾后，被说"女子力很强"。我很高兴。

「ティッシュを差し出す」➡【所持物】（递纸巾➡携带物）

（2）髪型を可愛くした時に「女子力高いな」と言われて「ありがとう」と。//把发型收拾得很可爱的时候被说"女子力好强啊"，我回答说"谢谢"。

「髪型を可愛くする」➡【外見】（把头发收拾地很可爱➡外形）

第5章 "女子力"的使用情况

（3）職場や大学に弁当を作って行ったら友達（男女）に言われた。また、字や絵、デコレーションがうまいので様々な場面で言われる。特に女子力という言葉自体には反応しない。//在公司和学校的时候，如果带便当的话，会被朋友（男女）说。另外，因为擅长写字、绘画、装饰，所以在各种各样的场合都会被说。对"女子力"这个词本身没有反应。

「弁当を作る」➡【料理】（做便当➡做饭）

「字や絵、デコレーションがうまい」➡【器用さ】（擅长写字、绘画、装饰➡巧手）

按照以上分类方法，"听话人"（调查对象）的"女子力"的具体体现（物及行为）可以划分为"携带物""做饭""巧手""外形""姿态""其他"这几个类别，各个类别及其定义如表5-10所示。

表5-10 "女子力"的具体类别及其定义（"听话人"视角）

分类	定义
所持物（携带物）	自分が持っているものおよびそれに関わる行為 （调查对象自己携带的物品及与之相关的行为）
料理（做饭）	食べ物およびそれに関わる行為 （食物以及与之相关的行为）
器用さ（巧手）	裁縫などの手芸に関わるものおよび行為 （针线等与手工相关的物品及行为）
外見（外形）	髪型、服装、容貌、ファッションなどに関わるもの、描写および行為 （发型、服装、容貌、时尚相关的物品及行为）
姿勢（姿态）	体の構えなど （身体的姿势等）
その他（其他）	その他 （其他）

下面将对"女子力"的具体体现，即"听话人"（调查对象）被评价为"女子力"的物品及行为进行详细分析。按照性别将"听话人"（调查对象）的"女子力"具体体现进行分类，可得出表5-11所示结果。

表5-11 "女子力"的具体体现("听话人"视角)

女性	所持物（携带物）	ティッシュ（纸巾）、ティッシュを差し出す（递出纸巾）、ハンカチ（手帕）、ハンカチを持つ/使う/差し出す（拿出/使用/递出手帕）
	料理（做饭）	料理教室に通う（去料理教室学习）、弁当（便当）、弁当を作る（做便当）、お菓子（点心）、お菓子を作る（做点心）、自炊する（自己做饭）
	器用さ（巧手）	字、絵、デコレーションがうまい（擅长写字、绘画及装饰）
	外見（外形）	髪型（发型）、髪型を可愛くする（把头发收拾得很可爱）、服装（服装）
	姿勢（姿态）	あぐらをかく（盘腿坐）
	その他（其他）	整理整頓が苦手（不擅长整理收拾）、スポーツが得意（擅长体育）、節約（节约）
男性	所持物（携带物）	絆創膏（创可贴）、絆創膏を持つ/渡す（携带/递给别人创可贴）、ティッシュやハンカチ（纸巾和手帕）、ティッシュやハンカチを持って歩く（出门携带纸巾和手帕）、ホチキス（订书机）、ホチキスを貸す（借出订书机）
	料理（做饭）	お菓子（点心）、お菓子を作る（做点心）、お菓子作りが好き（爱好做点心）、料理をする（做饭）
	器用さ（巧手）	ブックカバーを新聞紙で自作する（用报纸做书皮）

表5-11表明，他人会因为女性调查对象的"携带物""做饭""巧手""外形""姿势"及"其他"方面而对其使用"女子力"，会因为男性调查对象的"携带物""做饭""巧手"而对其使用"女子力"。

女性调查对象及男性调查对象不仅会因为随身携带"纸巾""手帕""创可贴"而被他人评价说具有"女子力"，亦会因为"做饭""做点心"而被他人评价为具有"女子力"。另外，女性调查对象会因为"擅长写字、绘画以及装饰"等而被他人评价为具有"女子力"；男性调查对象会因为"用报纸做书皮"这一行为而被别人评价为具有"女子力"。女性调查对象会因为外形而被别人评价为具有"女子力"，但男性调查对象并不会因为外形而被别人评价为具有"女子力"。这一不同之处与从"说话人"视角观察到的男女所具备的"女子力"的不同之处是一致的。换言之，

调查对象对别人使用"女子力"以及别人对调查对象使用"女子力"时，均不会因为男性的"外形"而使用"女子力"。

5.4.4 具体表达及使用目的

作为"听话人"的女性调查对象及男性调查对象的回答材料中的引用句可总结为以下①~⑥。可以看出，"女子力"会与表示高低的"高い""低い"、表示存在与不存在的"ある"及"ない"、表示提高与磨练的"磨く"搭配使用。

①女子力高い（ね/な）（女性·男性）//你的女子力真强啊。
②女子力ある（ね/な）（女性·男性）//你真有女子力。
③女子力低い（女性）//你的女子力不行。
④女子力がないぞ（女性）//你没有女子力。
⑤女子力（女性）//女子力。
⑥女子力を磨きなさい（女性）//提高一下你的女子力吧。

从女性调查对象的回答中可以观察到①~⑥所有的引用句，从男性调查对象的回答里仅观察到①②这两种"女子力"的具体表达方式。下面依次列出女性调查对象及男性调查对象的回答，并对之进行详尽分析。资料5-5与资料5-6是女性调查对象的回答，资料5-7是男性调查对象的回答。

资料5-5：女性调查对象的回答①

（1）ティッシュを差し出したら、女子力たかいね。といわれた。うれしかった。（女性、20代）//递出纸巾后，被说"女子力很强"。我很高兴。（女性，20—29岁）

（2）男性の友人にハンカチを使っていて言われた。ありがとうと言った。（女性、20代）//用手帕的时候被男性朋友说过。我说谢谢。（女性，20—29岁）

（3）ハンカチなどをしっかり持っていたとき。（女性、20代）//随身携带手帕的时候。（女性，20—29岁）

（4）ハンカチを差し出した時に女子力ーって言われました。（女性、

20代)//当我递出手帕的时候,被说具有"女子力"。(女性,20—29岁)

(5)料理教室に通っている話をすると女子力高いと言われた。(女性、20代)//当我说起我在料理教室上课的话题时,被说女子力很强。(女性,20—29岁)

(6)職場や大学に弁当を作って行ったら友達(男女)に言われた。また、字や絵、デコレーションがうまいので様々な場面で言われる。特に女子力という言葉自体には反応しない。(女性、20代)//在公司和学校的时候,如果做便当的话,会被朋友(男女)说。另外,因为擅长写字、绘画、装饰,所以在各种各样的场合都会被说。对"女子力"这个词本身没有反应。(女性,20—29岁)

(7)お菓子をつくったときに言われた。(女性、10代)//做点心的时候被说了。(女性,10—19岁)

(8)女友達とひとり暮らしで自炊するかの話になって、「自炊してるよ、節約も兼ねて」「へー女子力高いね」。(女性、20代)//当与一位女性朋友谈到独居自己做饭时说"我自己做饭,为了省钱",对方说"啊,女子力真强啊"。(女性,20—29岁)

(9)バレンタインのときお菓子を作って友達に渡したら「女子力あるね」と言われた。(女性、10代)//情人节的时候做了点心给朋友后,被说"有女子力啊"(女性,10—19岁)

(10)友達。服装を褒められた時。喜んだ。(女性、20代)//朋友。在夸我衣装的时候,(我)很高兴。(女性,20—29岁)

(11)髪型を可愛くした時に「女子力高いな」と言われて「ありがとう」と。(女性、20代)//把发型收拾得很可爱的时候被说"女子力好强啊",我回答说"谢谢"。(女性,20—29岁)

(12)女友達が褒めてくれて少し照れた。(女性、20代)//女朋友表扬了我,我有点害羞。(女性,20—29岁)

(13)友人(男女問わず)女子力高いねありがとうと伝えた。(女性、20代)//朋友(不论男女)会对我说"女子力真强啊",我会回复"谢谢"。(女性,20—29岁)

资料5-5是女性调查对象的回答，其中（1）~（4）是他人因为调查对象"递出纸巾"及"使用/携带/递出手帕"等行为而对其使用"女子力"；（5）~（9）是他人因为调查对象"去料理教室学习""做便当""做点心""自己做饭"等行为而对其使用"女子力"；而（10）~（11）是因为调查对象的"服装""发型收拾得很可爱"的外形而对其使用"女子力"；（12）（13）虽没有提及具体的事情，也表明他人会对调查对象使用"女子力"。资料5-5表明，从关系来看，对调查对象使用"女子力"的大多是其朋友；使用时的具体表达有"女子力高い（女子力真强）""女子力ある（你真有女子力）""女子力（是女子力啊）"；调查对象被他人评价具有"女子力"后有"ありがとう（谢谢）""うれしかった（开心）""喜んだ（高兴）""照れた（害羞）"等反应。同时，（10）及（12）出现了"褒められた（被表扬了）""褒めてくれて（表扬了我）"等与"表扬"相关的动词。从资料5-5中观察到的"うれしかった（开心）""喜んだ（高兴）"以及"褒められた（被表扬了）""褒めてくれて（表扬了我）"等词语可以发现，作为"听话人"的女性调查对象会将别人对自己使用"女子力"的话语当作表扬而接受。上节（5.3节）的分析表明，作为"说话人"的调查对象会把"女子力"当作表扬的话语而对其他人使用，从资料5-5可以看出，作为"听话人"的调查对象也会将别人对自己使用的"女子力"当作"表扬"来接受。

资料5-6：女性调查对象的回答②

（1）母に女子力を磨きなさいと軽く言われた。面倒くさいな、と感じた。（女性、10代）//妈妈轻微地嘱咐我说："要提高一下女子力"。我觉得很麻烦。（女性，10—19岁）

（2）男友達に、わたしが整理整頓が苦手でスポーツが得意なので、女子力が低いとからかわれた。君たちの男子力はどうなんだと、ふざけ半分で返した。（女性、20代）//因为我不擅长整理收拾等，但非常擅长体育，所以被男性朋友调侃说"女子力弱"。（我）半开玩笑地回复说，你们的男子力又如何。（女性，20—29岁）

（3）あぐらをかいていたら、女子力がないぞと男女の友人に言われた。どちらにもほっとけと言った。(女性、20代)//盘腿坐地的时候，男女朋友都会说我没有女子力。(我)对他们都说：别管我。(女性，20—29岁)

（4）友達に女子力高い/低いといわれることがある。どのぐらい美や性格において努力しているか思い出して意識する。(女性、10代)//有时被朋友说女子力强/弱。这能够让我意识到在美和性格上做了多少努力。(女性，10—19岁)

资料5-6所呈现的"女子力"的使用情况与在5.3节观察到的"女子力"的使用情况存在不同之处。从"说话人"（调查对象）视角观察到的"女子力"的具体话语有"女子力高い（女子力真强）""女子力貸して（给我借一下你的女子力）""女子力ある（你真有女子力）"等，而这些均是看到别人身上所具备的"女子力"后，对其进行肯定评价的话语。但从调查对象作为"听话人"视角观察到的"女子力"的具体话语，不仅有对具备"女子力"进行肯定的话语，亦有对欠缺"女子力"进行否定的话语。从调查对象作为"说话人"视角观察到的"女子力"的相关话语均为"表扬"他人的语言，但从调查对象作为"听话人"视角观察到的"女子力を磨きなさい（提高一下你的女子力吧）""女子力が低い（女子力真弱）""女子力がないぞ（没有女子力）"等具体话语及引用语言标记"からかわれた（被揶揄）"、"听话人"的反应"面倒くさい（真麻烦）""君たちの男子力はどうなんだと、ふざけ半分で返した（半开玩笑地回复道你们的男子力如何呢）"、"ほっとけ（别管我）"可以看出，"女子力"也具有"からかい（揶揄）""忠告""批判"的语用效果。换言之，女性调查对象作为"说话人"会把"女子力"当作表扬的话语对他人使用，但反过来作为"听话人"，别人对其使用"女子力"的时候，有时会将其当作"からかい（揶揄）""忠告""批判"的话语使用。另外，女性调查对象作为"说话人"会把"女子力"当作表扬的话语而对同性使用，但反过来作为"听话人"，不仅"同性的朋友"会对其使用"女子力"，"异性的朋友"及"长辈（母亲）"也会对其使用"女子力"。

第 5 章 "女子力"的使用情况

资料5-5与资料5-6是女性调查对象的回答材料,这两部分材料呈现了"女子力"使用情况的不同之处。那么,男性调查对象的回答呈现什么样的特点呢?以下是对男性调查对象所记述回答的详尽分析。

资料5-7:男性调查对象的回答

(1)女性に言われたことがある。絆創膏をたまたま持っていて渡したとき。言われて嬉しく思ったが、いじられてるなとも思った。(別に嫌だとは思わなかったけれど)。(男性、20代)//我被一个女生说过。当时我正好拿着创可贴,递给她的时候。虽然被那样说了很高兴,也觉得被调侃了。(但也没觉得讨厌)(男性,20—29岁)

(2)女性の友人が、「誰かホチキス持ってないかな」と言い、自分がホチキスを貸したところ、「女子力高い」とその女性の友人から言われた。それに対し自分は、「まあねー」と肯定して受け入れた。(男性、20代)//一位女性朋友问:"谁有订书机?"当我把订书机借给她时,这位女性朋友对说我"很有女子力"。对此,我肯定并接受说"哦,好吧"。(男性,20—29岁)

(3)ティッシュやハンカチを持ち歩いていることを指摘された時。(男性、20代)//当有人发现我拿着纸巾和手帕时。(男性,20—29岁)

(4)彼女に料理をしている時に嬉しかった。(男性、20代)//为女朋友做饭时,我很开心。(男性,20—29岁)

(5)異性、同性の友達。お菓子などを作ったときに言われ、ありがとうと答える。(男性、20代)//异性或同性朋友。我做点心的时候被他们说过,我说:"谢谢。"(男性,20—29岁)

(6)私はお菓子作りが好きなので、友達からサークルで言われたことがあります。(男性、20代)//因为我喜欢做点心,在社团里被朋友说过。(男性,20—29岁)

(7)ブックカバーを新聞紙で自作したとき言われて素直に嬉しかった。(男性、10代)//用报纸自制书皮的时候被说了,坦率地高兴。(男性,10—19岁)

· 115 ·

(8)異性の友人に女子力あるなと言われたが、まぁ嬉しかった。(男性、20代)//被异性朋友说很有女子力,很高兴。(男性,20—29岁)

(9)飲み会などの場で冗談として使われた。(男性、20代)//在聚会上被当作玩笑话说。(男性,20-29岁)

资料5-7是男性调查对象的回答。从(1)~(3)可以看出,男性调查对象因为"絆創膏をたまたま持っていて渡した(给别人递了创可贴)""ホチキスを貸した(给别人借了订书机)""ティッシュやハンカチを持ち歩いている(随身携带纸巾和手帕)",而被他人使用"女子力"。从(4)~(6)可以看出,男性调查对象因为"料理をしている(做饭)""お菓子などを作った(做点心)""お菓子作りが好き(喜欢做点心)"而被别人评价为具有"女子力"。从(7)可以看出,男性调查对象会因为"ブックカバーを新聞紙で自作した(用报纸做书皮)"而被别人评价为具备"女子力"。同时,从"ありがとう(谢谢)"等回应可看出,男性调查对象的9人当中,有4人在被别人评价为具备"女子力"之后,抱有开心、愉悦的心情。

男性调查对象所记述的回答可以观察到这几方面的内容:第一,男性调查对象认为"女子力"是有价值的东西,具备"女子力"本身是一件好事;第二,男性在被女性评价为具备"女子力"时,没有把这种评价当作否定评价接受,男性认为这是一种肯定评价。"女子力"与"女性らしさ(女性气质)"都是与女性相关的概念,但从男性对"女子力"的反应可以看出,"女子力"与"女性らしさ(女性气质)"具有不同的语用效果。如果对男性说"女性らしいですね(你非常像女人)""女性らしさがあるね(你真有女性气质)"的话,恐怕男性并不会将该评价当作肯定评价接受。菊地夏野(2019,2016)也言及这一点。菊地夏野(2019)指出,一直以来,当用"女性气质"与"男性气质"去评价与其字面表达的性别相反的人时,该评价一般不具有肯定意义,但"女子力"却能对男性使用。这是因为"女性气质""男性气质"一般被认为是天生的、本质的、生理性的气质,而"女子力"是通过后天努力修炼的能力。菊地夏野(2016,2019)将"女性气质"与"女子力"当作对立概念,并以此解释了能够对

男性使用"女子力"的原因所在。但笔者在第3章指出，在部分调查对象的认知里"女子力"是可以和"女性らしさ（女性气质）"划等号的概念，同时"女子力"是将"女性气质"的建构过程可视化了的概念。笔者认为，男性之所以能够将"女子力"当作一种肯定评价，并不是因为"女子力"与"女性らしさ（女性气质）"是界限明确的对立概念，而是因为后缀"力"赋予了"女子力"以"能力"这一语义，松绑了"女子力"与"女性らしさ（女性气质）"的密切联系，使得"女子力"中的"女性らしさ（女性气质）"意义不再强烈。因此，"絆創膏を持って渡す（递出创可贴）""ホチキスを貸す（借出订书机）""ティッシュやハンカチを持ち歩いている（随身携带纸巾与手帕）""料理をしている（做饭）""お菓子などを作る（做点心）""お菓子作りが好き（喜欢做点心）""ブックカバーを新聞紙で自作した（自己用报纸做书皮）"成了一种有价值的、需要习得的能力。

资料5-7中男性调查对象记述的"女子力"的使用情况与资料5-5中女性调查对象记述的"女子力"的使用情况呈现相似的特征。但资料5-6与资料5-5及资料5-7的"女子力"的使用情况呈现不同的特征。资料5-5、资料5-7中调查对象均因为其携带物、做饭等"物品"及"行为"而被别人评价为具有"女子力"，其使用的具体话语均是"女子力高い（女子力真强）""女子力ある（真有女子力）"。同时，调查对象对这些评价均以回复感谢的方式予以接受，当被他人评价为具有"女子力"时，均抱有开心、愉悦的心情。整体来看，资料5-5、资料5-7中的女性调查对象与男性调查对象均将这种评价当作一种"表扬"。但与资料5-5、资料5-7不同的是，资料5-6中的"整理整頓が苦手（不擅长整理收拾）""スポーツが得意（擅长体育）""あぐらをかく（盘腿坐）"等状态被评价为欠缺"女子力"。女性调查对象会被长辈忠告"女子力を磨きなさい（提高一下你的女子力）"，也会被异性朋友批判"女子力ないぞ/女子力低い（没有女子力/女子力弱）"。与此同时，通过"面倒くさいな（真麻烦）""ほっとけ（别管我）""君たちの男子力はどうなんだ（你们的男子力又如何呢）"等女性调查对象的回复可以看出，女性调查对象比较反

感这些"忠告"以及"批判"。

5.4.5 对"女子力"的摇摆态度

通过上述分析可知,从调查对象作为"听话人"视角观察到的"女子力"的使用情况与调查对象作为"说话人"视角观察到的"女子力"的使用情况存在相同之处亦存在不同之处。其中,不同之处仅体现在女性调查对象作为"说话人"及"听话人"的不同视角中。下面着重分析同一个调查对象(女性)作为"听话人"及"说话人"的不同回答,以此厘清视角不同而呈现出的"女子力"不同使用情况的原因。

资料5-8:同一个调查对象的回答

(1)女性、20代(女性,20—29岁)

話し手として(作为说话人):女の子の友達が料理や手芸などがうまかったとき。//女生朋友擅长做饭和手工艺的时候。

聞き手として(作为听话人):男友達に、わたしが整理整頓が苦手でスポーツが得意なので、女子力が低いとからかわれた。君たちの男子力はどうなんだと、ふざけ半分で返した。//因为我不擅长整理收拾等,但非常擅长体育,所以被男性朋友调侃说:"女子力弱。"(我)半开玩笑地回复说:"你们的男子力又如何?"

(2)女性、20代(女性,20—29岁)

話し手として(作为说话人):アクセサリーを手作りするのが趣味だという子が作ったイヤリングがとても可愛かったので言った。真意はわからないが笑っていたと思う。//喜欢自己动手做首饰的女孩做的耳环很可爱,所以对她说了。虽然不知道真意,但我觉得她笑了。

聞き手として(作为听话人):あぐらをかいていたら、女子力がないぞと男女の友人に言われた。どちらにもほっとけと言った。//盘腿坐地的时候,男女朋友都会说我没有女子力。对他们都说:"别管我。"

(3)女性、10代(女性,10—19岁)

話し手として(作为说话人):女友だちがケーキを焼いたので、女

子力あるね~！と言ったことがある。彼女はすこし照れたが、嬉しそうであった。//女性朋友烤了蛋糕，所以我对她说："很有女子力。"她虽然有点害羞，但看起来很高兴。

聞き手として（作为听话人）：母に女子力を磨きなさいと軽く言われた。面倒くさいな、と感じた。//妈妈轻微地嘱咐我说："要提高一下女子力。"我觉得很麻烦。

资料5-8的（1）（2）（3）是同一个调查对象分别作为"说话人"与"听话人"所记述的"女子力"的使用情况。从这些记述可以看出，同一个女性调查对象作为"听话人"对"女子力"的态度和作为"说话人"对"女子力"的态度是不同的。首先，作为"说话人"时，女性调查对象将"女子力"当作表扬他人的话语来使用。从这个意义上来讲，她们认为"女子力"是有价值且值得认可的。但当她们作为"听话人"，其他人对其使用"女子力を磨きなさい（好好提高一下女子力吧）""女子力が低い（你的女子力不行）""女子力がないぞ（你没有女子力）"等话语，指出其身上欠缺"女子力"的时候，她们会用"君たちの男子力はどうなんだ（那你们的男子力如何呢）""ほっとけ（别管我）!""面倒くさいな（真麻烦）"等话语来反驳、抵抗来自他人的批判与忠告。从这个意义上来讲，女性调查者认为"女子力"非常麻烦，对"女子力"表达出一种不耐烦与否定的态度。鉴于以上分析，可以总结说，一方面，女性调查对象认为"女子力"是有价值的、值得认可的，但另一方面又对"女子力"持否定态度，认为"女子力"非常麻烦。从这种鲜明的态度对比可以看出，女性调查对象对"女子力"的价值肯定并不一以贯之，是持一种摇摆不定的态度。

笔者认为，可以从"女子力"这一概念蕴含的性别因素及能力因素来解释同一个调查对象对"女子力"呈现摇摆不定的态度的原因。通过第3章的分析发现，"女子力"可以与"女性らしさ（女性气质）"划起等号，"女子力"可视化了建构"女性らしさ（女性气质）"的过程。在一般认知中，"女性らしさ（女性气质）"是天生的属性，而"女子力"则是可以通过后天努力而获得的能力。虽在这一点上，"女子

力"与"女性らしさ（女性气质）"呈现不同的特点，但从二者的具体体现及社会评价来看，它们的关联度则又非常高。当女性被别人夸"女性らしさがあるね（你真有女性气质）"的时候，有些女性会将其当作表扬来接受，但也有女性认为这句话是对于女性的条条框框及对于女性的刻板印象，从而对其呈现出抗拒的态度。从这一点来看，"女子力"也是如此，一方面"女子力"会被社会当作认可他人的赞赏性话语使用，而另一方面，"女子力"又会成为对于"女性"的条条框框与充满刻板印象的词语。这一点从欠缺"女子力"被别人批判、指责以及"听话人"（女性调查对象）对这种批判与指责呈现的反抗态度可以看出。因此，"女子力"是社会对于女性的期待亦是对于女性的新规范。同时，"女子力"蕴含的能力因素也能够解释调查对象对其抱有摇摆态度的原因。"女子力"与"女性らしさ（女性气质）"密切联系，可以称"女子力"为现代日语性别表达的关键词。从构词角度来看，"女子力"与"想像力（想象力）""語彙力（词汇力）"一样，均是后缀"力"的派生词，后缀"力"赋予了"女子力"具体体现能力的因素。第3章阐述的围绕"女子力"定义的解释当中，有各种与能力相关的词语，比如"できる（能力）""得意（擅长）""優れている（优秀）""上手（拿手）"，从这些词语能够看出，"女子力"是可以通过后天努力而获得的能力。鉴于此，当女性被别人说"女子力がない（没有女子力）"的时候，某种程度上也是在说其不够努力。面对这种批评，女性调查对象会表现出不耐烦及反抗的态度。

综上所述，调查对象作为"说话人"把"女子力"当作赞赏他人的话语来使用，是因为"女子力"本身是社会所认可的、是社会期待女性应该具备的。同时，具备"女子力"也是具备能力的体现。但调查对象作为"听话人"把"女子力"当作别人批评及忠告自己的话语来拒绝，是因为调查对象对"女子力"带有的对于女性的刻板印象与对于女性的规范抱有一种抗拒的心理。与此同时，当别人批评调查对象无"女子力"等同于说还不够努力去磨练这种能力时调查对象自然会呈现反驳及不耐烦的态度。

5.4.6 小结

本节从调查对象作为"听话人"这一视角出发，探讨了"女子力"的使用情况，并将其与5.3节的调查对象作为"说话人"所观察的"女子力"的使用情况作了对比。从"说话人"视角出发观察到的"女子力"的使用情况与从"听话人"视角出发观察到的"女子力"的使用情况存在相同之处：第一，"女子力"常见于"朋友"之间的对话；第二，"女子力"具有赞赏他人的语用效果。从"说话人"视角出发观察到的"女子力"的使用情况与从"听话人"视角出发观察到的"女子力"的使用情况亦存在不同之处：从"说话人"的视角观察到了"女子力を磨きなさい（你提高一下自己的女子力吧）""女子力が低い（你的女子力不行）""女子力がない（你没有女子力）"等来自长辈（母亲）及异性朋友的忠告与批判。这个不同之处呈现了10～20岁女性面对"女子力"的摇摆心态：一方面，"女子力"是社会对于女性的期待，具备"女子力"符合社会对于女性的期待，同时，擅长"料理（做饭）""手芸（手工）"确实是一种能力的体现。但另一方面，"女子力"与"女性らしさ（女性气质）"相同，存在助长社会对于女性的刻板印象及巩固社会对于女性规范的可能性。

此外，本次调查发现，男性作为"说话人"，其会用"女子力"赞赏同性及异性朋友，作为"听话人"也把"女子力"当作肯定评价来接受。这是因为"女子力"虽然与"女性らしさ（女性气质）"密切联系，因其具备"能力"因素，男性也会欣然接受来自他人的关于"女子力"的评价。

5.5 关于"女子力が高いね（女子力真强）"的应答

从5.3节及5.4节可以看出，"女子力が高いね（女子力真强）"这句话可以对女性使用亦可对男性使用。那么，当女性及男性被别人评价为具有"女子力"时，其是如何应答的呢？本节将对评价话语"女子力が高いね（女子力真强）"的应答情况进行分析，进一步厘清"女子力"的使用情况及所呈现的特征。

5.5.1 分析材料

本节主要分析通过问卷调查问题8收集到的材料。

问题8：「女子力が高いね」と言われたら、それに対しての返事はしますか。するなら、どのような発話をしますか。しないなら、その理由を教えてください。//如果有人对您说"女子力真强"这句话，您会对此做出应答吗？如果应答的话，您会回复什么？如果不应答的话，不应答的理由是什么？

在具体的回答情况上，调查对象全员对"如果有人对您说'女子力真强'这句话，您会作出应答吗？"这一问题作了回答，其中的57名调查对象进一步记述了应答的具体内容或对此不应答的理由。

5.5.2 分析

对于"女子力真强"这句评价话语，回复"应答"与"不应答"的人数占比情况如表5-12所示。

表5-12 "应答"与"不应答"的人数比重

性别 \ 应答与否	应答	不应答	合计
女性	91%	9%	100%
男性	87%	13%	100%

如表5-12所示，当调查对象被别人评价"女子力が高いね（女子力真强）"时，女性当中的91%会对此做出应答，而9%的人选择不应答。男性当中的87%会做出应答，而13%的人选择不应答。下面首先对调查对象选择"不应答"的理由作详尽分析。接着分析调查对象"应答"的具体内容及围绕这些内容的元语用（メタ語用）。

5.5.2.1 "不应答"及其理由

本次调查当中，女性调查对象及男性调查对象当中，均存在对"女子

力が高いね（女子力真强）"这句评价话语"不应答"的情况，所占比例分别是9%及13%。其中，有4人记述了对"女子力が高いね（女子力真强）"这句话不做应答的理由。

资料5-9："不应答"的理由

（1）広げるほどの話の内容を自分が持っていないから。（女性、10代）//我没有能够将此话题推进下去的知识储备。（女性，10—19岁）

（2）女子じゃないので。（男性、20代）//因为我不是女生。（男性，20—29岁）

（3）はずかしい。（男性、20代）//难为情。（男性，20—29岁）

（4）なんと反応すればよいかわからない。（男性、10代）//我不知道如何反应。（男性，10—19岁）

如资料5-9所示，调查对象对"女子力が高いね（女子力真强）"这句评价话语不做应答的理由有："広げるほどの話の内容を自分が持っていないから（我没有能够将此话题推进下去的知识储备）""はずかしい（难为情）""女子じゃないので（因为我不是女生）""なんと反応すればよいかわからない（我不知道该如何反应）"。这些回答均呈现出调查对象对"女子力"这一词语的距离感，但通过仔细观察可以发现，调查对象对"女子力が高いね（女子力真强）"这句评价话语抱有距离感的原因不尽相同。"広げるほどの話の内容を自分が持っていないから（我没有能够将此话题推进下去的知识储备）"的理由表明，女性调查对象之所以对"女子力"抱有距离感是因为对于"女子力"这个词语的熟悉度不够。但"はずかしい（难为情）""女子じゃないので（因为我不是女生）""なんと反応すればよいかわからない（我不知道该如何反应）"这三个理由表明，男性调查对象对"女子力"产生距离感的原因在于"性别"及"はずかしい（难为情）"方面。从女性调查对象及男性调查对象对"女子力"不做应答的理由的不同之处可以看出，"女子力"这一词语虽然可以对男性使用，但是男性还是会介意自己的性别与"女子力"字面所示性别的错位。

5.5.2.2 "应答"及其理由

从这次调查可以看出，不论是女性调查对象还是男性调查对象，其中一大部分人均会对"女子力が高いね（女子力真强）"这句评价话语作出应答。在具体的应答内容记述上，有例（1）、例（2）这样直接记述应答内容的，亦有例（3）这样在记述应答内容的同时，附加了一些围绕这个应答内容的解释，此外，还有调查对象没有写具体的应答内容，直接记述了一些关于应答的解释性内容，如例（4）所示。本节不仅会分析如例（1）、例（2）所示的具体的应答内容，同时亦会将伴有附加解释的应答内容（例3）及没有具体应答内容仅有解释性内容的资料（例4）纳入分析范围，进行探析。

例：

（1）ありがとう。//谢谢。

（2）そんなことないよ。//没有那回事。

（3）「やったね」とか「でしょ？笑」とか、とりあえず喜ぶ。//"太好了""是吧"之类的，总之很高兴。

（4）女子力が高いということはいい意味だと思うので、肯定して受け入れる発言をする。//我觉得女子力很强是正面意思的语言，所以说一些表示接受的话语。

此次收集的应答内容中，有"肯定应答"类型、"否定应答"类型、"疑问应答"类型及"回避应答"类型，下面将对这4种应答方式作详尽分析。

表5-13是对"女子力が高いね（女子力真强）"这一评价话语的具体应答内容及与其相关的附加解释。面对"女子力が高いね（女子力真强）"这一评价话语，女性调查对象及男性调查对象均会表示感谢及认同。通过"とりあえず喜ぶ（总之很高兴）"这一女性调查对象的附加解释及"誉められたように感じる（有种被称赞的感觉）"这一男性调查对象的附加解释可以看出，女性调查对象及男性调查对象均会将"女子力が高いね（女子力真强）"这一评价话语当作正面评价来接受。而这一点与5.3节及5.4节的分析结果是相同的。⑨⑩⑪这三条记述没有具体的应答内

容，只有相关的阐述。从⑨"友だち同士であれば冗談で威張るような返事をする（如果是朋友的话，会用笑话来装模作样地回答）"表明，调查对象可能因对象的不同而调整应答内容；从⑪的"女子力が高いということはいい意味だと思うので、肯定して受け入れる発言をする（我觉得女子力很强具有非常正面的意思，所以说一些肯定话语表示接受）"。可以看出，男性调查对象会将"女子力が高いね（女子力真强）"当作肯定评价而接受。

表5-13 对"女子力真强"的应答①

肯定应答类型
①ありがとう。（女性・男性）//谢谢
②ありがとう！もっと女子力高くなれるよう頑張る！（女性）//谢谢！会加油提高女子力
③どうも。（男性）//谢谢
④まあね~。（女性・男性）//嗯~
⑤だろ？でしょ？（男性）//是吧
⑥女子力ある系男子だから。（男性）//因为是有女子力的男生
⑦「やったね」とか「でしょ？笑」とか、とりあえず喜ぶ。（女性）//"太好了""是吧"之类的，总之很高兴
⑧でしょー（肯定する）。自分の行為に対して誉められた気分になるから（私自身が男なので、女子力が高いと言われると誉められたように感じる）。（男性）//是吧（肯定）。因为感觉自己的行为被表扬了（我自己是男性，所以被说有女子力的时候，有种被称赞的感觉）
⑨友だち同士であれば冗談で威張るような返事をする。（女性）//如果是朋友的话，会用笑话来装模作样地回答
⑩お礼を言う。（女性）//回复感谢
⑪女子力が高いということはいい意味だと思うので、肯定して受け入れる発言をする。（男性）//我觉得女子力很强是有正面意思的，所以会说一些肯定话语表示接受

表5-14是面对"女子力が高いね（女子力真强）"这一评价话语的疑问性应答。具体应答内容有"そう（是吗）""あっ、そうかな（啊，是这样吗）""そうかな（是吗）""そうですか（是嘛）"。从调查对象的这些记述可以看出，不论是男性调查对象还是女性调查对象均没有直接

接受"女子力真强"这个评价，而是作出了疑问性的应答。

表5-14 对"女子力真强"的应答②

疑问应答类型
①そう?（女性）// 是吗
②あっ、そうかな。（女性）// 啊，是这样吗
③そうかな?（男性）/是吗
④そうですか? 等聞き返すような返答。（男性）//是嘛? 反问等回答
⑤えー? 本当?? ありがとう!（女性）//嗯? 真的吗?? 谢谢
⑥え、そう? 性格は男っぽいからせめてちょっとは気にしないと。（女性）// 啊，是吗? 我的性格很像男孩子，至少要注意一点
⑦「本当? そんなことないよ」と謙遜します。（男性）//真的吗? 没有那样的事

从表5-15可以看出，对于"女子力が高いね（女子力真强）"这句话，女性调查对象及男性调查对象均会用"そんなことないよ（没有那回事）"这样的话语否定该评价。同时，女性调查对象及男性调查对象均会用"高くないよ（没有那么强）"来否定"女子力が高いね（女子力真强）"这一评价。此外，还有部分男性会用"僕は〈女子〉ではありません（我不是女生）"这句话来表达对于"女子力が高いね（女子力真强）"的不赞同，同时亦有男生用"僕、男だよ（我是男生）"等强调自己是男生的具体表达来否定对方的评价。从这两个应答内容可以看出，男生会用男性专用的第一人称词语"僕（boku）""俺（ore）"[①]及指称男性性别的"男"来主张及强调自己的性别身份。

表5-15 对"女子力真强"的应答③

否定评价
①そんなことないよ。（女性・男性）//没那回事
②高くないよ。（女性・男性）//不强啊

---

① "僕（boku）"、"俺（ore）"一般情况下为男性使用的人称代词，但也存在女性使用的情况。

续表

否定评价
③そんなに高くないと思う。(男性) // 我觉得没那么强
④僕は〈女子〉ではありません。(男性) // 我不是女生
⑤「僕、男だよ」と返答します。(男性) // 我会回答说："我是男生。"
⑥いや俺男やし（笑）。(男性) // 不，我是男生

对"女子力が高いね（女子力真强）"这一评价话语的所有应答当中，回避应答类型有两种，如表5-16所示。①的"あんたも真似しろ（你也学学吧）"表明，调查对象会将话题的焦点转向对方，用让对方也学习"女子力"的方式回避了对于"女子力が高いね（女子力真强）"这一评价话语的直接回答。同时，从"冗談交じりに言う（半开玩笑地说）"这个解释可以看出，调查对象用玩笑的方式避开了对"女子力が高いね（女子力真强）"这一评价话语的直接回答。另外，②中的"女子力についての議論（对女子力的讨论）"是男性调查对象对于"女子力が高いね（女子力真强）"这一评价话语的回避应答方式，其并没有直接回应这句评价，而是将焦点转至"女子力"这个词语本身，用这种方式回避了对于这句评价的直接应答。

表5-16 对"女子力真强"的应答④

回避应答类型
①あんたも真似しろ！と冗談交じりに言う。(女性) // 你也学学吧！半开玩笑地说
②女子力についての議論。(男性) // 对女子力的讨论

5.5.3 考察及小结

从此次调查的结果可以发现，对于"女子力が高いね（女子力真强）"这句评价话语，部分调查对象会对此进行应答，但也有部分调查对象会对此不作应答。从不应答的理由可以看出，部分调查对象（男女）对"女子力"这一词语抱有"距离感"。其中，男性调查对象对"女子力"抱有距离感的原因在于性别，他们会用"僕は〈女子〉ではありません（我不是

女生）"这句话来主张、强调自己的性别身份。Stoller（1964）对性别身份有如下论述：

Gender identity is the sense of knowing to which sex one belongs, that is, the awareness 'I am a male 'or 'I am a female'.// 性别认同是知道自己属于哪种性别的感觉，即"我是一个男性"或"我是一个女性"的意识。

（Stoller，1964）

Stoller（1964）认为性别身份是对自己所属性别的感觉及认识。佐佐木掌子和尾崎幸谦（2007）将性别身份定义为"具有统一性及连续性的主观性别与他人眼中的社会性别相一致的感觉"[1]。另外，中村桃子（2001）指出，性别身份是指主体在其话语实践中利用"性别意识形态"及话语中规定的各种社会分类和社会意义为资源，积极创造的各种身份[2]。本次调查中的男性调查对象意识到"女子力"字面所表达的性别与自己认知的自身性别不一致，因此其用"僕は〈女子〉ではありません（不是女生）"这样的方式来回应"女子力が高いね（女子力真强）"这一评价话语。

"女子力"是一种能力，而日语中与能力相关的正面评价当中，常见"高い（强）"这一形容词。比如，"英語力が高い（英语能力强）"常作为正面评价来肯定他人的英语能力。同样，"女子力が高い（女子力真强）"也为具有评价语用效果的话语，对于这个评价的回应方式有"ありがとう（谢谢）""でしょう（是吧）"等肯定回应；有"そう（是吗）""そうかな（是这样吗）""そうですか（是嘛）"这样的疑问型回答方式；亦有"そんなことない（没有那回事）""高くない（女子力不强）"这样的否定型应答方式。值得注意的是，男性调查对象记述的应答内容中有

---

[1] 原文为：斉一性・連続性をもった主観的な自分の性別が、まわりからみられている社会的な自分の性別と一致するという感覚。
[2] 原文为：主体が「ジェンダー・イデオロギー」だけでなくディスコースに設定されている様々な社会的カテゴリーや社会的意味を資源としてディスコース実践において能動的に作り上げる多様なアイデンティティ。

"僕は〈女子〉ではありません（我不是女生）""僕、男だよ（我是男生）""いや俺男やし（不，我是男生）"这种主张、强调自己性别身份的内容。男性调查对象之所以这样，是因为"女子力"字面所表达的性别与男性调查对象自身认知的性别身份具有不一致的地方。正如第3章及本章5.3、5.4节所论述的那样，作为能力的"女子力"已经不再局限于其字面所表达的性别，在男生身上也可以看到"女子力"。因此，一些与"女子力"相关的话语不仅能够对女性使用，也可对男性使用。但同时，男性对"女子力"依旧抱有距离感，这可以通过"僕、男だよ（我是男生）"这些表明否定态度的回应方式得以窥见。

5.6 本章总结

本章对"女子力"的使用情况进行了探析。通过女性调查对象及男性调查对象的记述可以看出，"女子力"是具有赞赏效果的语言表达，这一点从调查对象作为"说话人"的视角及调查对象作为"听话人"的视角均可观察到，即在日常生活中，当调查对象看到别人身上具备"女子力"的话，会使用"女子力あるね（真有女子力）""女子力高いね（女子力真强）""女子力だね（女子力啊）"等与"女子力"相关的语言表达表扬对方。但是，"女子力"的忠告、批评语用效果，仅在调查对象（女性）作为"听话人"的记述中得以发现，即女性调查对象在生活中会被别人指出"女子力がない（没有女子力）""女子力が低い（女子力真弱）"等。从这一不同之处可以看出，不管是男性还是女性均会因为具备"女子力"而受到他人的赞赏，但只有女性会因为不具备"女子力"而受到批评与忠告。基于此，可以说日本社会期待女性具备"女子力"，或者说日本社会认为女性应该具备"女子力"，当其不具备"女子力"时，就会受到批评与忠告。

通过分析对于"女子力が高いね（女子力真强）"这句话的应答情况发现，调查对象面对"女子力が高いね（女子力真强）"这句评价，存在应答及不应答两种情况。从不应答的理由发现，女性调查对象及男性调查

对象均对"女子力"抱有距离感，但女性调查对象对"女子力"抱有距离感的原因在于对这一词语的熟悉度较低。但男性调查对象对"女子力"抱有距离感的原因在于性别身份认同，他们认为"女子力"不属于自己所属的性别范围内。在具体的应答内容上，女性调查对象及男性调查对象均会以"肯定""疑问""否定"型方式对"女子力真强"这句话做出应答。在"否定"的应答内容中，男性调查对象会通过主张自己的性别身份否定"女子力真强"这一评价。"女子力"作为一种能力，虽然已经超越了其字面所限制的性别，但男性依旧抱有距离感，这一现象可以通过对"女子力真强"这句评价的否定型应答得以证实。

第6章 关于"女子力"的评价

6.1 引言

　　本书的第3章论述了"女子力"在后缀"力"的派生词系统中的定位以及"女子力"的内涵特征；第4章通过对与"女子力"相关的词论述了"女子力"的关联领域；第5章论述了"女子力"在日常交流中的话语实践及其所呈现的特征。第3章及第4章廓清了"女子力是什么"这一问题。通过第3章的分析得知，1)"女子力"与社会因素息息相关，其蕴含性别因素及能力因素是区别于"想像力（想象力）""経済力（经济力）""語彙力（词汇力）"等其他"力"的派生词的特点；2)"女子力"这一概念与"女性らしさ（女性气质）"密切关联，其将建构"女性らしさ（女性气质）"的过程可视化；3)"女子力"被评价为一种能力，从能力的具体内容可以看出，"女子力"具有建构与巩固传统性别规范的作用。通过第4章的论述得知，"女子力"这一词语包含"性别、外貌、形象""家务、做饭""待人接物的态度"这三方面的内容，与此同时，这三方面的内容从"个人"到"家庭"最后扩展至整个"社会"。通过第5章的论述得知，"女子力"的相关话语一方面具有赞赏他人的语用效果，另一方面具有"批评"及"忠告"他人的语用效果。

　　通过上述分析可得知，"女子力"在内涵、关联领域及使用情况上都呈现双面性特征。那么，面对这样的"女子力"，日本社会是如何评价的呢？本章将着重分析调查对象对"女子力"这一词语的评价倾向及具体评价内容中的词语表达特征，探讨调查对象对"女子力"这一词语的接受及

排斥的原因，从而进一步厘清"女子力"的特点。

在具体的分析步骤上，6.2节主要论述"评价"的概念；6.3节介绍本章的分析材料及分析框架；6.4节及6.5节首先厘清调查对象对"女子力"这一词语的评价特征，接着分析"女子力"评价内容中的具体词语表达。6.6节主要通过第3章、第4章、第5章的分析结果探析"女子力"的双面性特征。最后，6.7节总结本章内容。

6.2 "评价"与"评价表达"的定义

"评价"具有不同的定义。樋口文彦（2001）认为"评价"指的是人们将事物的意义加以明确的意识活动。八亀裕美（2003）在樋口文彦（2001）定义的基础上，用例子"この部屋広いね（这个房间真宽敞）"解释了"评价"的内涵：当人们说出"この部屋広いね（这个房间真宽敞）"这句话的时候，其中"広い（宽敞）"不仅是"この部屋（这个房间）"所具备的客观条件，同时亦是说话人与心中事先设定的某个基准相比较后的结果。关崎博纪（2013）指出，"评价"是按照特定的基准将某个人、某件事或者某物的价值划分为"いい（好的）""悪い（坏的）""きれい（干净的）""汚い（肮脏的）"等，以此来明确其中的价值。佐野大树（2012a）对"评价"及"评价表达"的定义如下：

評価は個人もしくはコミュニティの価値観や規範の構築・保持・拡散・縮小・変更・破壊を施行するための社会システムであり，評価表現は評価を実現するための言語資源である。//评价是建构、维持、扩散、缩小、变更、破坏个人或者社区价值观和规范的社会体系，而评价表达是实现这些评价的语言资源。

（佐野大树，2012a；笔者译）

本书参考佐野大树（2012a）的观点，对"评价"及"评价表达"作出如下定义：

"评价"是指围绕"女子力"的相关价值及规范陈述意见或想法的活动,而"评价表达"是在对"女子力"陈述意见或想法的时候所使用的词语表达等语言资源。

6.3 分析材料及分析框架

6.3.1 分析材料

本章将对问卷调查中问题4所收集到的材料加以分析,以此厘清调查对象对"女子力"一词的评价情况。

问题4:「女子力」に対してどのようなイメージを持っていますか。(選択肢あり)//您对"女子力"持有什么样的态度?(有选项)

①いいイメージ//很好

②どちらかというといいイメージ//比较好

③よくないイメージ//不好

④どちらかというとよくないイメージ//不太好

⑤特にイメージは持っていない//没什么想法

その理由//持有这种态度的原因:

在具体的回答情况上,64名调查对象均对"您对'女子力'持有什么样的态度"这一问题作了回答,其中的52名调查对象解释了持有这种态度的原因。

6.3.2 分析框架

本章主要以评价理论(Appraisal theory)为分析框架,分析调查对象围绕"女子力"所记述的带有评价性质的具体词汇及表达,以此厘清调查对象对"女子力"的评价情况。

评价理论包括"形勢・やり取り(engagement,介入)""態度評価(attitude,态度)""程度評価(graduation,级差)"三大子系统,它们各自的定义如表6-1所示。

表6-1 评价理论子系统定义[①]

定义
形勢・やり取り（engagement，介入）：評価者の立場と読み手・テクストのディスコースに含まれる第三者の立場との距離を示すことで表される評価である。//通过呈现出评价者与读者/文本话语中第三方立场之间的距离而表达的评价
態度評価（attitude，态度）：評価極性を示すことで表される評価であり、ここには感情表現を示すことで表される評価も含まれる。//通过呈现评价极性而表达的评价，也包括通过情感表达而实现的评价
程度評価（graduation，级差）：漸次的な表現（「とても」・「すごく」など）を用いることで示される評価である。//通过使用（太、非常）等程度渐进的表达而实现的评价

依据佐野大树（2010），笔者制作

从表6-1可以看出，评价理论中的评价是通过呈现作者与读者及第三方立场的距离、评价极性（肯定与否定）、情感以及渐进程度而实现的。本章着重分析调查对象对"女子力"持有态度的记述。在分析过程中，主要使用评价理论中的态度（attitude，态度评价）子系统来分析调查对象所记述内容中的词语及表达。态度（attitude，态度评价）子系统可进一步通过判断（积极评价与消极评价）、评价基准、直接表达与间接表达这三个角度来观察。这三个角度的具体解释及示例如表6-2所示。

表6-2 態度（attitude，態度評価）子系统的角度定义及示例

角度	定义及示例
肯定与否定	positive（肯定）：表示肯定评价的表达
	negative（否定）：表示否定评价的表达
评价基准	affect（情感） 评价表达：表示开心（楽しむ）、悲伤（悲しむ）、放心（安心する）等评价者心情的表达

[①] 本书在评价理论的相关描述中，英文用语参照Martin, J. R., & White. P. R. R.（2005），中文用语参照王振华（2001, 2007）等，日文用语参照佐野大树（2010）。

续表

角度	定义及示例
评价基准	judgment（判断） 评价对象：人的性格、习惯、行为 评价表达：表示评价对象特点、属性的表达及以道德、一般性、能力、信赖为基准的表达。 示例：不健康的（不健康）、不人道的（非人道的）、执拗的（偏屈）、勇敢的等（勇敢など） appreciation（鉴赏） 评价对象：现象 评价表达：表示评价对象特征、性质，以及以美学、结构的好坏、价值、有效性为基准的表达。 示例：有趣的（面白い）、清晰的（明瞭）、单调的（単調）、重要的（大切）、有效的等（効果的など）
直接表达/间接表达	inscribe（直接评价） 评价表达：态度词汇 invoke（间接评价） 评价表达：比喻表达（比喩表現），渐进性表达（漸次的表現），修辞类问题（修辞的質問）、悖论（逆説）、有可能引起评价的呈现事实的表达（評価を呼び起こす可能性のある事実を示す表現）

依据佐野大树（2010），笔者制作

本章主要以表6-2所呈现的评价基准下的affect（情感）、judgment（判断）、appreciation（鉴赏）及直接表达与间接表达为分析框架，阐释调查对象对"女子力"的评价情况。具体分析过程中，首先把握调查对象对"女子力"评价的整体情况；然后借用评价理论分析调查对象所记述的关于"女子力"的评价表达，从而厘清围绕"女子力"的相关评价表达的分布情况；最后，通过"女子力"的评价表达及其分布情况来论述"女子力"的特征。

6.4 分析

本节分析调查对象对"女子力"的评价所呈现出的整体特征及评价内容中的具体表达。

6.4.1 围绕"女子力"评价的整体情况

在调查对象对"女子力"进行评价时，笔者向调查对象提供了5个选项，分别是"いいイメージ（很好）""どちらかというといいイメージ（比较好）""よくないイメージ（不好）""どちらかというとよくないイメージ（不太好）""とくにイメージは持っていない（没什么想法）"。调查对象对这5个选项的选择结果如图6-1所示。

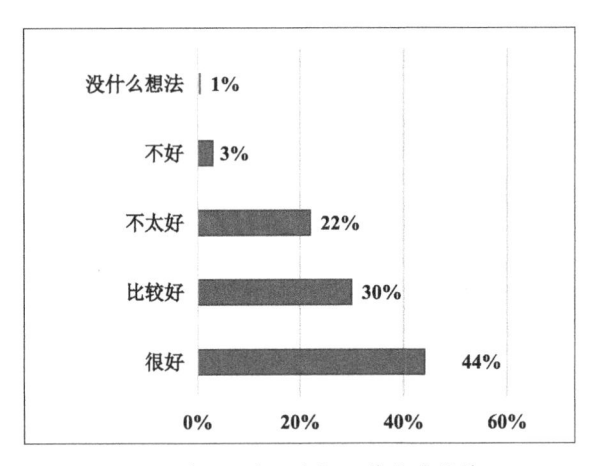

没什么想法 | 1%
不好 | 3%
不太好 | 22%
比较好 | 30%
很好 | 44%

图6-1 关于"女子力"评价的整体情况

从图6-1可以看出，调查对象对"女子力"持有不同的态度。整体来看，从"とくにイメージは持っていない（没什么想法）"到"いいイメージ（很好）"，调查对象所占比重呈现增多模式。从此次调查范围来看，对"女子力"持"いいイメージ（很好）"评价的人数最多，其次是"どちらかというといいイメージ（比较好）"。如果将"いいイメージ（很好）"与"どちらかというといいイメージ（比较好）"合并为"正面评价"，而将"よくないイメージ（不好）"及"どちらかというとよくないイメージ（不太好）"合并为"负面评价"的话，那么，"正面评价"所占比重为74%，而"负面评价"所占比重为25%。此外，从性别角度来看调查对象对"女子力"的评价的话，其结果如表6-3所示。

表6-3 调查对象对"女子力"的评价情况（性别）

	正面评价	负面评价	合计
女性	66%（22）	34%（11）	100%（33）
男性	81%（25）	19%（6）	100%（31）

表6-3表明，在女性中，对"女子力"持有"正面评价"的比例大于对"女子力"持有"负面评价"的比例。同时，在男性中，对"女子力"持有"正面评价"的比例亦大于对"女子力"持有"负面评价"的比例。那么，调查对象为何会对"女子力"持有这种态度？持有这种态度的理由描述中又有哪些评价表达？下面将着重分析调查对象所记述的理由及其中的评价表达。

6.4.2 围绕"女子力"的评价表达

本节将借用评价理论，按照"いいイメージ（很好）"到"よくないイメージ（不好）"的顺序，依次分析调查对象持有该评价的理由及相关评价表达。首先，分析调查对象对"女子力"持有"いいイメージ（很好）"评价的理由及其中的评价表达。

资料6-1：持"いいイメージ（很好）"评价的理由

（1）プラスの時にしか使っているように思えないから。（男性、10代）//因为我觉得只用在正面场合。（男性，10－19岁）

（2）その人の頑張りを評価してくれるものだから。（男性、20代）//因为是肯定那个人努力的词语。（男性，20－29岁）

（3）細部まで気を遣う、きちんとした、よくできた人間という感じがするので。（男性、10代）//注重细节，给人一种可靠，厉害的感觉。（男性，10－19岁）

（4）女子力のある女性に惚れるから。（男性、20代）//因为自己着迷于有"女子力"的人。（男性，20－29岁）

(5) 褒め言葉だと思っているから。(女性、20代)//因为我觉得这是夸奖人的词语。(女性，20—29岁)

(6) 女子力がある人はいろいろなことに気をつけてる人が多いと思うので、素敵だと思うから。(女性、10代)//我觉得有女子力的人会关注到方方面面，所以觉得很棒。(女性，10—19岁)

(7) 女の子らしさは自分にはなくて憧れるから。(女性、10代)//因为自己没有女孩子气质，所以很憧憬。(女性，10—19岁)

(8) 女子力を上げようと、自分磨きをしているから。(女性、10代)//提高女子力等于提升自己。(女性，10—19岁)

通过资料6-1可以得知，调查对象对"女子力"持有"いいイメージ（很好）"评价的理由均是由呈现肯定态度的词语及表达构成。（1）~（4）是男性调查对象对"女子力"持有"いいイメージ（很好）"评价的理由。（1）（2）用"プラスの時（正面场合）""人の頑張りを評価してくれるもの（肯定那个人的努力）"对"女子力"使用方面的价值作了正面评价。（3）通过"細部まで気を遣う（注重细节）""きちんとした（可靠）""よくできた（做得很好）"等肯定一个人能力的表达对持有"女子力"的人作了正面评价。（4）通过"惚れる（着迷）"这样表达评价者心情的词语对"女子力"作出了正面评价。此外，（1）~（4）的评价均为"直接表达"，即"プラスの時（正面场合）""人の頑張りを評価してくれるもの（肯定那个人的努力）""きちんとした（可靠）""着迷（惚れる）"等均是直接而又明确表明评价者态度的表达。

（5）~（8）是女性调查对象对"女子力"持有"いいイメージ（很好）"评价的理由。首先，（5）用了"褒め言葉（夸奖人的词语）"对"女子力"作了正面评价。（6）用"いろいろなことに気をつけてる（关注到方方面面）""素敵（完美）"正面评价了持有"女子力"的人。（7）用表达评价者心情的"憧れる（憧憬）"一词解释了自己对"女子力"抱有好印象的原因。（8）用"自分磨き（提升自己）"这句话肯定了"女子力"的持有者。从表达的直接与间接的角度来看，（5）~（8）都是直接表达，即评价者用"褒め言葉（夸奖人的词语）""いろいろなことに気をつけ

てる（关注到方方面面）""素敵（完美）""憧れる（憧憬）""自分磨き（提升自己）"等明确表明自己态度的词语及表达直接对"女子力"作出了评价。

此次问卷调查收集到的对"女子力"抱有"いいイメージ（很好）"评价的理由中的评价表达，可总结为表6-4所示内容。

表6-4 评价理由中的评价表达（很好）

女性/男性	直接/间接	评价表达
女性	直接表达	affect（情感）：憧れる（憧憬） judgment（判断）：いろいろなことに気をつけてる（关注到方方面面）、素敵（完美）、自分に自信が持てる（对自己有信心）、周りから良い印象を持たれる（身边的人会对其抱有好的印象）、自分磨きをしている（提升自己） appreciation（鉴赏）：きれい（漂亮）、褒め言葉（夸奖人的词语）、良い意味で使う（正面使用）、単語が可愛い（词语本身可爱）
	间接表达	无
男性	直接表达	affect（情感）：惚れる（着迷）、好感を持つ（抱有好感） judgment（判断）：可愛いらしい（可爱的）、かわいい（可爱的）、能力高い（能力强）、気を遣う（细心）、きちんとした（可靠的）、よくできた（厉害）、家事ができる（会做家务）、いいイメージ（好印象） appreciation（鉴赏）：きれいに見える（看起来很漂亮）、プラス時に使う（正面使用）、人の頑張りを評価してくれる（是肯定别人努力的词语）
	间接表达	お付き合いしていそうな人は女子力が高そうなイメージがある（自己会和女子力强的人交往）

从表6-4可以看出，对"女子力"抱有"いいイメージ（很好）"评价的理由当中，既有表示情感的评价表达，亦有表示判断及鉴赏的评价表达。换言之，从表6-4能够观察到表明评价者心情的表达、以"女子力"持有者为评价对象的表达及以"女子力"这个词语的内涵与使用特征为评价对象的评价表达。鉴于此，可以说，调查对象（评价者）对"女子力"这个词语本身及"女子力"的持有者均抱有好的印象。

资料6-2：持"どちらかというといいイメージ（比较好）"评价的理由

（1）女子力あるねと言われると嬉しいが、からかっているようにも聞こえることがある。（女性、10代）//别人说我有女子力的话，我会很开心，但有时候听起来像是在调侃。（女性，10—19岁）

（2）身だしなみがきちんとしていて、清潔感があるイメージがあるから。（女性、20代）//因为给人的印象是仪容整洁，有清洁感。（女性，20—29岁）

（3）女性性の価値観の決めつけや押し付けという面はあるかもしれないが、女子力が高いこと自体は生きていく上で困るものではないように感じるから。（女性、20代）//虽然"女子力"存在对女性气质价值妄下定论及将其强加于女性的一面，但女子力强本身并不是什么坏事情。（女性，20—29岁）

（4）男子だから女子力があると言われると嬉しいから。（男性、20代）//因为我是男生，所以当别人说我有"女子力"的时候，我是很开心的。（男性，20—29岁）

（5）ちょっと皮肉めいたニュアンスも含まれている。（男性、20代）//也包含了带有讽刺意味的语气。（男性，20—29岁）

（6）女の子としてどれだけ優れているかということを表しているようだから。（男性、20代）//因为它似乎代表了你作为一个女孩的优秀程度。（男性，20—29岁）

从资料6-2可以看出，对"女子力"持有"どちらかというといいイメージ（比较好）"评价的理由中，不仅有表明肯定态度的评价表达，亦有表明否定态度的评价表达。

（1）~（3）是女性调查对象对"女子力"持有"どちらかというといいイメージ（比较好）"评价的理由。（1）用表达评价者心情的词语"嬉しい（高兴）"对"女子力あるね（有女子力啊）"作了肯定评价，同时又用"からかっているように聞こえる（听起来像调侃）"对"女子力"作了否定评价。（2）用"身だしなみがきちんとしていて（仪容整

第6章 关于"女子力"的评价

洁)""清潔感がある(有清洁感)"对"女子力"的持有者给予了肯定评价。(3)用"女性性の価値観の決めつけや押し付け(对女性气质价值妄下定论及将其强加于女性)"这一表明否定态度的话语对"女子力"给予了否定评价,但同时又用"困るものではない(本身并不是什么坏事情)"给予了"女子力"这一词语肯定评价。从"嬉しい(高兴)""からかっているように聞こえる(听起来像调侃)"及"女性性の価値観の決めつけや押し付け(对女性气质价值妄下定论及将其强加于女性)"、"困るものではない(本身并不是什么坏事情)"这些话语可以看出,调查对象对"女子力"持有"どちらかというといいイメージ(比较好)"评价的理由当中,既有肯定性评价又有否定性评价,从这里可以看出"女子力"这一词语的双面性特征。

(4)~(6)是男性调查对象所记述的对"女子力"持有"どちらかというといいイメージ(比较好)"评价的理由。(4)用表明评价者心情的词语"嬉しい(高兴)"对"女子力がある(有女子力)"这句话语给予了肯定评价。(5)用"皮肉めいたニュアンス(带点讽刺的意思)"表明对"女子力"这一词语的否定态度。(6)用"優れている(优秀)"对"女子力"的持有者给予了肯定评价。

此次问卷调查收集到的对"女子力"抱有"どちらかというといいイメージ(比较好)"评价的理由中的评价表达,可总结为表6-5所示内容。

表6-5 评价理由中的评价表达(比较好)

女性/男性	直接/间接	评价表达
女性	直接表达	affect(情感):嬉しい(高兴)、からかっているようにも聞こえる(听起来像调侃) judgment(判断):持てる(受欢迎)、誉められる(受到表扬)、魅力(有魅力)、身だしなみがきちんとして(仪容整洁)、清潔感がある(有清洁感) appreciation(鉴赏):良い(好的)、気が利いた行動(灵敏的行为)、皮肉(讽刺)、女性性の価値観の決めつけや押し付け(对女性气质价值妄下定论及将其强加于女性)、生きていく上で困るものではない(本身并不是什么坏事情)
	间接表达	无

· 141 ·

续表

女性/男性	直接/间接	评价表达
男性	直接表达	affect（情感）：嬉しい（高兴） judgment（判断）：気配りができる（细心周到）、女子力のある人の方が良い（有女子力的人比较好）、優れている（优秀） appreciation（鉴赏）：良いこと（好的事情）、悪い言葉として使われた場面を見た事がない（没有见过负面使用该词语的场合）、皮肉のニュアンス（带点讽刺的意思）
	间接表达	无

从表6-5可以看出，对"女子力"持"どちらかというといいイメージ（比较好）"评价的理由中，既有表明情感（affect）的评价表达，亦有表示判断（judgment）及鉴赏（appreciation）的评价表达，换言之，从表6-5可以观察到表示评价者心情的表达、以"女子力"持有者为评价对象的表达及以"女子力"这个词语的内涵与使用情况为评价对象的表达。具体的表达既有"嬉しい（高兴）""良い（好的）""悪い言葉として使われた場面を見た事がない（没见过负面使用该词语的场合）"等表示肯定态度的评价，也有"からかっているようにも聞こえる（听起来像调侃）""皮肉のニュアンス（带点讽刺的意思）"等表示否定态度的评价。可以说，评价者的态度折射出"女子力"的双面性特征，"女子力"既存在被肯定的部分，也存在被否定的部分。

资料6-3：持"どちらかというとよくない・よくないイメージ（不太好、不好）"评价的理由

（1）めんどくさそう。（女性、20代）//好像很麻烦的样子。（女性，20—29岁）

（2）定義が曖昧だから。女はこうあるべき、男はこうあるべきでないと規定するようでジェンダー的に問題がある言葉だから。（女性、20代）//因为定义很模糊，好像在规定女性应该这样，男性不应该这样。"女子力"是性别上有问题的词语。（女性，20—29岁）

（3）女子力と言われるものは、特に女性だけでなく、人として必要

第6章　关于"女子力"的评价

な能力や振る舞いだと思うから。(女性、20代)//被称为"女子力"的那些特征，不仅是女性，是所有人需要具备的能力和应该做到的举止行为。(女性，20—29岁)

(4)〈紋切り型の女性像に基づく表現だから時代に合っていないため。(男性、10代)//因为是基于对女性刻板印象的表达，所以与时代不符。(男性，10—19岁)

(5)ステレオタイプを助長しているように思えるから。(男性、20代)//因为这似乎助长了刻板印象。(男性，20—29岁)

(6)自分があまり女子力が高い女子ではなく、からかわれたりしたことがあるから。(女性、20代)//因为我的女子力并不高，经常被人调侃。(女性，20—29岁)

(7)差別されてるようにかんじる。(女性、20代)//感觉受到歧视。(女性，20—29岁)

从"どちらかというとよくない（不太好）"及"よくないイメージ（不好）"的评价理由当中，观察到了表示调查对象（评价者）否定态度的评价表达。比如，(1)~(3)是评价者对"女子力"持"どちらかというとよくない（不太好）"评价的理由。(1)用"めんどくさそう（太麻烦）"这一表示评价者情感（affect）的表达表明了评价者对"女子力"的否定态度；(2)通过"定義が曖昧（定义模糊）"以及"ジェンダー的に問題がある（性别上有问题）"这样的表达呈现了对"女子力"的否定态度。(3)通过间接表达，即"特に女性だけでなく、人として必要な能力や振る舞いだ（是所有人需要具备的能力和应该做到的举止行为）"表明了对"女子力"这一词语的否定态度。

(4)(5)是男性对"女子力"持有"どちらかというとよくないイメージ（不太好）"评价的理由。从(4)可以看出，评价者通过"紋切り型の女性像に基づく表現（是基于对女性刻板印象的表达）""時代に合っていない（与时代不符）"表明对"女子力"的否定态度。从(5)可以看出，调查对象（评价者）用"ステレオタイプを助長している（助长刻板印象）"表明了对"女子力"的否定态度。

此次调查范围内，仅有女性对"女子力"持"よくないイメージ（不好）"的评价。(6)(7)是对"女子力"持"不好"评价的理由所在。从(6)(7)可以看出，女性调查对象对"女子力"持否定评价的态度是通过表达"からかわれたり（被嘲讽）""差別されてる（被歧视）"而呈现。

此次问卷调查收集到的对"女子力"抱有"どちらかというとよくない（不太好）""よくないイメージ（不好）"评价的理由中的评价表达，可总结为表6-6所示内容。

表6-6 评价理由中的评价表达（不太好及不好）

女性/男性	直接/间接	评价表达
女性	直接表达	affect（情感）：めんどくさそう（太麻烦）、からかわれる（被调侃）、差別される（被歧视） judgment（判断）：なし（无） appreciation（鉴赏）：定義が曖昧（定义模糊）、ジェンダー的に問題がある（性别上有问题）、女性らしくあるべきだという概念を無意識的に押し付けている（不自觉地将应该具备女性气质这一观点强加于人）、大変（辛苦）、女性らしさの押し付け（女性气质的强求）、「女子」に固定する必要は無い（没有必要局限在"女子"上）
女性	间接表达	女子力と言われるものは、特に女性だけでなく、人として必要な能力や振る舞いだ（是所有人需要具备的能力和应该做到的举止行为）
男性	直接表达	affect（情感）：なし（无） judgment（判断）：なし（无） appreciation（鉴赏）：意味するところ、定義するところが曖昧（意思及定义较为模糊）、ステレオタイプを助長している（助长刻板印象）、差別的な意味を含む（包含歧视的意思）、時代に合っていない（与时代不符）
男性	间接表达	「やばい」のように人によって捉え方が異なっている（就像日语"やばい"这个词一样，人们对它的定义各不相同）

从表6-6可以看出，对"女子力"持"どちらかというとよくない（不太好）"评价的理由当中，有表示情感（affect）的表达，亦有表示鉴赏（appreciation）的表达，但没有表示判断（judgment）的评价表达，换言之，对"女子力"持"どちらかというとよくない（不太好）"评价的理由之中，有表示评价者心情的表达，有评价"女子力"这个词语内涵、内容及使用

第 6 章 关于"女子力"的评价

的表达，但没有评价"女子力"持有者习惯、性格、行为的表达。此外，只在女性调查对象的回答中观察到表示评价者心情的具体表达。可见，调查对象之所以对"女子力"持否定评价，是因为"女子力"这一词语存在性别方面的问题。

6.5 分析小结

此次调查的范围内，有调查对象对"女子力"持"いいイメージ（很好）""どちらかというといいイメージ（比较好）"的评价，亦有调查对象对"女子力"持"よくないイメージ（不好）""どちらかというとよくないイメージ（不太好）"的评价。从回答人数上来看，从"いいイメージ（很好）""どちらかというといいイメージ（比较好）"评价到"よくないイメージ（不好）""どちらかというとよくないイメージ（不太好）"的评价，评价人数呈递减趋势。可以说，"女子力"的评价情况呈现多样性，调查对象对"女子力"抱有不同的评价，但总体上来看，对"女子力"持肯定态度的评价多于对"女子力"持否定态度的评价。

对"女子力"持"いいイメージ（很好）"及"どちらかというといいイメージ（比较好）"评价的理由当中，既有表示情感（affect）的表达，亦有表示判断（judgment）的表达以及表示鉴赏（appreciation）的表达。对"女子力"持"どちらかというとよくないイメージ（不太好）"评价的理由当中，有表示情感（affect）的表达及表示鉴赏（appreciation）的评价表达，但没有表示判断（judgment）的评价表达。此外，对"女子力"持"よくないイメージ（不好）"评价的回答只在女性调查对象的回答中出现。

对"女子力"持"いいイメージ（很好）""どちらかというといいイメージ（比较好）"的评价理由中的具体表达有"憧れる（憧憬）""惚れる（着迷）""好感を持つ（抱有好感）""嬉しい（喜悦）"等表明评价者心情的表达，亦有"可愛いらしい（可爱）""きちんとした（可靠）""能力高い（能力强）""よくできた（很棒）"等评价"女子力"

· 145 ·

持有者"习惯、性格、行为"的评价表达。同时，有"褒め言葉（夸奖人的话语）""良い意味で使う（正面使用）""困るものではない（本身不是什么坏事情）"等评价"女子力"这个词语本身及其内容的表达。通过这些评价表达可以看出，调查对象认为"女子力"持有者的习惯、性格、行为以及"女子力"这个词语本身存在值得肯定的内容。对"女子力"持"よくないイメージ（不好）"与"どちらかというとよくないイメージ（不太好）"的评价理由中，有"めんどくさそう（太麻烦）""差別される（被歧视）""からかわれる（被嘲讽）"等表示评价者心情的表达。同时，这些表明评价者心情的表达只在女性调查对象的回答中得以观察，在男性调查对象所记述的持"よくないイメージ（不好）""どちらかというとよくないイメージ（不太好）"评价的理由中，并没有观察到表明评价者心情的表达。"女子力"的"女子"表明，与"女子力"这个词语直接相关的是"女性"这一主体，因为这点，作为被评价对象的"女性"会对"女子力"持否定态度，并且用"めんどくさそう（太麻烦）""差別される（被歧视）""からかわれる（被嘲讽）"表明自己的否定态度。

"定義するところが曖昧（定义模糊）""ジェンダー的に問題がある（有性别问题）""女性らしくあるべきだという概念を無意識的に押し付けている（对女性气质的强求）""ステレオタイプを助長している（助长刻板印象）"等均是调查对象对"女子力"持否定评价的理由。可以看出，这些否定评价均是对"女子力"这个词语本身存在问题的否定，同时，这类评价不仅出现在女性调查对象的记述当中，亦存在于男性调查对象的记述中，换言之，"女子力"这个词语存在定义模糊及性别问题是女性调查对象及男性调查对象的共识。另外，对"女子力"持"よくないイメージ（不好）"评价的理由中，未观察到对"女子力"持有者"习惯、性格、行为"的否定评价，从这点来看，部分调查对象对"女子力"持有否定评价，并不是因为"能力高い（能力强）""きちんとした（可靠）""気を遣う（细心周到）""可愛いらしい（可爱）"等"女子力"的具象表达，而是因为这些具象表达均与"女性"这一性别挂钩，这一点也可以从"「女子」に固定する必要は無い（没有必要局限在'女子'上）"这一调查对

象的记述中得以窥见。

此次调查范围内的对"女子力"的评价情况可总结为表6-7所示内容。

表6-7 关于"女子力"评价情况的总结

	评价	评价表达	评价对象
正面评价 （いいイメージ系）	很好	肯定性	①词语本身 ②持有者
	比较好	肯定性、否定性	
负面评价 （よくないイメージ系）	不太好	否定性	词语本身
	不好	否定性	

6.6 "女子力"的双面性特征

从上述分析可以发现，围绕"女子力"的评价理由当中，既有表明肯定态度的词语亦有表明否定态度的词语。这两种截然不同的态度折射出"女子力"的双面性特征。以下将从第3章、第4章、第5章的分析结果出发，对"女子力"具有双面性特征的原因加以分析。

"女子力"蕴含性别因素及能力因素。通过第3章的分析得知，虽有部分调查对象认为"女子力"就是"女性らしさ（女性气质）"，但通过进一步分析发现，"女子力"可视化了建构"女性らしさ（女性气质）"的过程。可以说，"女子力"与"女性らしさ（女性气质）"虽存在不同之处，但密切关联，它们之间有诸多相似的地方，这使得"女子力"与"女性らしさ（女性气质）"一样，有社会所认可的"女性があるべき姿（女性应该有的样子）"的一面，亦有建构与巩固针对女性的刻板印象及性别规范的一面。因此，围绕"女子力"的评价及其相关评价的理由中，有"憧れる（憧憬）""好感を持つ（抱有好感）""素敵（完美）""誉められる（被表扬）""魅力（有魅力）""きちんとした（可靠）"等表明肯定态度的评价表达，也有"ジェンダー的に問題がある（性别上有问题）""女性らしくあるべきだという概念を無意識的に押し付けている

（对女性气质的强求）""「女子」に固定する必要は無い（没有必要局限在'女子'上）""めんどくさそう（太麻烦）""差別される（被歧视）"等表明否定态度的评价表达。同时，"女子力"蕴含的能力因素也是其具有双面性特征的原因所在。通过第3章的分析发现，"女子力"被评价为一种能力，即有"女子力"等同于有能力。因此，围绕"女子力"的评价中，既有"能力高い（能力强）""きちんとした（可靠）""よくできた（厉害）""人の頑張りを評価してくれる（表扬人努力的词语）""自分磨きをしている（自我提升）""優れている（优秀）"等肯定能力的评价表达，也有"めんどくさそう（太麻烦）"等表明否定态度时而使用的表达。

通过第4章的分析发现，"女子力"与"性格、外貌、形象""家务、做饭""待人接物的态度"这三个领域息息相关。其中，"待人接物的态度"中的"抜かりない（一丝不苟）""誠実（诚实）"等内容是被社会、被一般大众所认可的品质。因此，围绕"女子力"的评价理由中，存在以一个人的习惯、性格、行为为评价对象的评价表达，如"気配りができる（细心周到）""気を遣う（细腻）""困るものではない（并不是什么坏事情）""いろいろなことに気をつけてる（关注到方方面面）"等。另外，从"女子力"的语用效果来看，与"女子力"相关的具体表达既会用于"表扬"别人，亦会用于"嘲讽""忠告""批评"别人。本章关于"女子力"评价的内容中，既有"女子力"是"人の頑張りを評価してくれる（表扬别人努力的词语）""プラス時に使う（正面使用）""褒め言葉（夸奖别人的话）"等表明肯定态度的评价，亦有"からかわれる（被调侃）""差別される（被歧视）"等表明否定态度的评价。

6.7 汉语中的"女子力"

"女子力"作为新词出现后，经过大众媒体的广泛传播，迅速发展成一个"流行词"，其也漂洋过海出现在中国的社交媒体上。通过搜索BCC

第6章 关于"女子力"的评价

汉语语料库发现①，在"对话"这一频道里，共有35条关于"女子力"使用例子的搜索结果，除去重复结果，BCC汉语语料库中"女子力"的使用对话例子如下。

（1）A：你不是一直都<u>女子力max</u>吗？

B：既然你这样觉得，那我就欣然接受这样的设定好了。

（2）A：喂他明明<u>女子力爆表</u>啊。

B：女友力也可以啊。

（3）A：我们宿舍简直杂乱差。

B：<u>女子力</u>呢~？

（4）A：像大姐头做的那些手工活还是<u>女子力满满</u>的啦。

B：现在才发现……是汉子……前面居然打错字……

（5）A：看上一期节目就感觉蓝盈莹的<u>女子力爆棚</u>，真的是太可爱。

B：她坚持锻炼的。

（6）A：有个<u>女子力</u>的，我得了1分。

B：纯爷们。

（7）A：你的<u>女子力见涨</u>！

B：真的吗，我每天都要强忍又去把头发剪短的冲动呀。

（8）A：夸你<u>女子力</u>还说我骂你。

B：求你骂我别夸我了

（9）A：她特别喜欢自己做蛋糕。

B：怎么现在身边的女生都<u>女子力</u>这么强，只会吃的我们。

（10）A：怎么突然那么暖了，<u>谜の女友力</u>。

B：我一直<u>女子力</u>都挺高的。

（11）A：真好！明天休息、出来逛不？

B：你咋<u>女子力</u><u>男友力</u>都不及格呢？那你是啥？哈哈哈哈哈哈哈哈

---

① BCC汉语语料库为北京语言大学语言智能研究院开发的语料库，据BCC官网主页介绍，BCC汉语语料库的总字数约95亿字，包括：报刊（20亿）、文学（30亿）、综合（19亿）、古汉语（20亿）和对话（6亿，来自微博和影视字幕）等多领域语料，是可以全面反映当今社会语言生活的大规模语料库。其中"对话"为新开辟频道。详情参考BCC语料库（blcu.edu.cn）。

哈哈哈。

从表达形式上看，汉语语境中的"女子力"以"女子力max""女子力爆表""女子力7%""女子力变高""女子力满满""女子力爆棚""女子力得了1分""女子力见涨""女子力强""女子力高""女子力不及格"等表达形式出现。可以看出，其中的"女子力变高""女子力高"都是将日语的"女子力が高い"中的助词"が"去掉之后的直接表达，而"max""爆表""满满""爆棚""见涨""不及格"等也均是汉语中与能力相关的表达。同时，"max""爆表""变高""满满""爆棚""见涨""强""高"均是描述具备较强"女子力"的表达，而"女子力得了1分""女子力不及格"均是表达欠缺"女子力"的形式。从"女子力"的具体表现，即什么可以称之为"女子力"来看，汉语语境中的"女子力"表现在"家务（宿舍杂乱差）""手工""外形（身材与发型）""料理（蛋糕）"这几个方面，这与日语语境下的"女子力"的具体表现具有相似之处。从语用角度来看[1]，（1）、（2）、（4）、（5）、（7）、（8）、（9）、（10）均是夸赞他人具备"女子力"的表达，而（6）则是对自己的"女子力"感到困惑的表达。此外，（3）的"女子力呢"以及（11）的"女子力不及格"是对他人不具备"女子力"的轻微调侃。

整体来看，汉语语境下"女子力"所呈现的使用特征与日语语境下"女子力"所呈现的使用特征具有共同之处，即均与"强""高""满满"等表示能力的词语搭配使用，同时"女子力"的具体表现也具有相似之处，均体现在"家务""料理""外形""手工"这些方面。此外，从语用角度来看，汉语语境下的"女子力"及日语语境下的"女子力"均具有赞赏他人、调侃他人的语用效果。

6.8 本章总结

本章首先分析了日本年轻人对"女子力"这一流行词的评价情况，然

---

[1] 这里的语用角度分析是对语料库中关于"女子力"对话的语用效果的简单分析。

后分析了汉语语境下"女子力"的特征,并将其与日语语境下"女子力"的特征作了对比。通过调查对象对"女子力"的肯定评价及否定评价可以看出,"女子力"具有双面性特征;通过将汉语语境下的"女子力"与日语语境下的"女子力"作对比发现,两种语境下的"女子力"特征呈现相似之处。

本章主要以评价理论的态度(attitude,態度評価)子系统为分析框架,分析了日本年轻人对"女子力"的评价情况。调查问卷设计的问题是"您对'女子力'持什么样的态度?",因此,调查对象评价的对象应当为"女子力"这一词语。但从调查对象记述下的具体评价理由可以看出,调查对象既对"女子力"这一词语作了整体评价,亦对"女子力"的语用效果及"女子力"的持有者作了评价。可以看出,调查对象在评价的过程中,其评价的对象有上位对象及下位对象之分。本章按照affect(情感)、judgment(判断)、appreciation(鉴赏)这三个分类标准对调查对象的评价表达进行了分类,比如,"細部まで気を遣う(细心周到)""きちんとした(可靠)""よくできた人間(厉害的人)"属于judgment(判断)这一范畴,而"褒め言葉だ(夸奖人的话语)"属于appreciation(鉴赏)这一范畴。评价对象除了"女子力"外还有更具体的分类,但从总体上来看,这些均可归结为对于"女子力"的评价。通过此分析得知,使用语言资源对某个对象加以评价的时候,评价对象有上位和下位之分,并且其中的上位对象有时候并不会以文字的形式出现,而评价理论还未明确评价对象出现上位与下位之分时的分析方式。

此外,态度子系统中的情感、判断、鉴赏这三个下级分类中,判断、鉴赏的评价对象分别是人的"习惯、性格、行为"及"现象",但情感的评价对象并不十分明确。此次分析材料中,表示评价者心情的具体表达有"惚れる(着迷)""嬉しい(高兴)""からかっているようにも聞こえることがある(听起来像调侃)"。其中,"惚れる(着迷)"的评价对象是持有"女子力"的女性,即"人",而"嬉しい(高兴)""からかっているようにも聞こえることがある(听起来像调侃)"的评价对象是"女子力あるね(有女子力)"这句话语。可以看出,情感的评价对象既

有判断的评价对象"人",亦有鉴赏的评价对象"现象"。因此,评价理论需要明确情感的评价对象。同时,情感、判断、鉴赏这三者按照上位与下位的类别作出区分会使得子系统之间的关系更为清晰。

在此次问卷调查中,笔者向调查对象提问:「女子力」に対してどのようなイメージを持っていますか(您对"女子力"抱有什么样的印象?)。在这一问题的设计上,笔者为调查对象提供了5个选项,分别是:"いいイメージ(很好)""どちらかというといいイメージ(比较好)""よくないイメージ(不好)""どちらかというとよくないイメージ(不太好)""とくにイメージは持っていない(没什么想法)"。64名调查对象当中,回答"いいイメージ(很好)"的占总人数的44%,回答"どちらかというといいイメージ(比较好)"的占总人数的30%,回答"どちらかというとよくないイメージ(不太好)"的占总人数的22%,回答"よくないイメージ(不好)"的占总人数的3%,回答"とくにイメージは持っていない(没什么想法)"的占1%。在此次调查范围内,对"女子力"作正面评价的人数较多,但也有一部分调查对象对"女子力"作了负面评价。对"女子力"给予"いいイメージ(很好)"评价的理由大致分为三类,从每一类都能看出调查对象给予"女子力"正面评价的角度。第一类是语言使用角度:调查对象解释说"女子力"一般都是作为正面评价而使用的,"女子力"是一个赞赏别人努力与付出的词语;第二类是持有者能力角度:调查对象解释说具有"女子力"的人"注重细节""稳重周到""各方面都做得很好",是"非常厉害"的人;第三类是评价者情感角度:有调查对象(男性)提到自己"着迷"于具有"女子力"的女性,也有调查对象提到自己"羡慕"有"女子力"的女性。

对"女子力"给予"いいイメージ(很好)"评价的理由都是正面性描述,而对"女子力"给予"どちらかというといいイメージ(比较好)"这个评价的理由可以分为正面和负面两方面,其中,正面理由和给予"女子力""いいイメージ(很好)"评价的理由大致相同,如男女评价者均提到当别人夸奖自己具有"女子力"时,都会将其当作一种表扬来接受;还有评价者提到,具有"女子力"的人一般都是非常出色、有魅力的人。

而对"女子力"给予"どちらかというといいイメージ（比较好）"评价中的负面性描述包括："女子力"以及"具有女子力"这样的话语包含嘲讽的意思；"女子力"给人一种将"女性らしさ（女性气质）"的价值观强加于女性的感觉。从这里可以看出，虽然调查对象对"女子力"抱有"どちらかというといいイメージ（比较好）"的印象，但是在具体的理由中，既肯定了"女子力"的正面意义，也指出了"女子力"这一词语蕴含的负面内容。

此次调查范围内，也有部分调查对象对"女子力"抱有"どちらかというとよくないイメージ（不太好）"以及"よくないイメージ（不好）"的印象。从调查对象写下的理由可以看出，调查对象给予这两项评价的原因在于：一是"女子力"定义模糊；二是"女子力"有一些性别上的问题，它在塑造千篇一律的女性，同时也在"助长对于女性的刻板印象"；三是"女子力"与时代不相符合、非常麻烦；四是"女子力"蕴含"嘲笑"与"歧视"的意思。值得注意的是，给予"女子力"否定评价的调查对象不仅有女性也有男性，这说明"女子力"这一词语定义暧昧、助长对于女性的刻板印象等问题是女性与男性的共识。

第7章 结语

本章首先对全书的内容进行回顾与总结，然后阐明本书内容的意义及今后拓展研究的内容。

7.1 本书总结

本书从多个角度出发，考察了"女子力"在词语表达上的特征以及日常交流使用上的特征。下面将对本书的内容进行整体回顾并对本书的分析结果进行总结。

首先，本书从"力"的派生词系统出发，对"女子力"这一流行词在"力"的派生词系统中的定位进行了分析，在此基础之上，探析了"女子力"的内涵特征。通过分析发现，"女子力"的出现与传播均与社会因素及性别问题密切关联，而这一点正是"女子力"区别于其他"力"的派生词的特点之一；"女子力"将建构"女性らしさ（女性气质）"的过程可视化，它是诠释"做性别（doing gender）"这一行为的词语。在上述结果的具体分析过程上，本书首先以"力（ちから）"为切入点，将后缀"力"构成的派生词划分为四大类，即"ありか（附着点）""性質（性质）""用途・目的・影響先（用途、目的、作用对象）"及"その他（其他）"，而本书的分析对象"女子力"属于"ありか（附着点）"这个类别中的词语。"女子力"与这个类别中的"背筋力（后背力量）""軍事力（军事力量）""チーム力（团队力量）"同属于"ありか（附着点）"，但与它们不同的是，"女子力"中的"力"的持有者是有意志的"人"，

而"背筋力(后背力量)""軍事力(军事力量)""チーム力(团队力量)"并不具备此特点。同时,"女子力"与性别问题等社会因素密切关联也是其区别于其他"力"的派生词的特点之一。此外,从调查对象对"女子力"的定义及阐释可以看出,"女子力"与日语既有概念"女性らしさ(女性气质)"密切联系,部分调查对象甚至在二者之间划起等号,可以说,在这部分调查对象的认知当中,"女子力"就是"女性らしさ(女性气质)"。但通过进一步观察与分析发现,"女子力"与"女性らしさ(女性气质)"虽密切联系,但二者之间依旧存在不同之处:"女子力"将建构"女性らしさ(女性气质)"的过程可视化;"女子力"是诠释"做性别(doing gender)"这一行为的词语。从"できる(会/能够)"及"優れている(优秀的)"等语言及其具体表现"家事(家务)""料理(做饭)""手芸(手工)"可以看出,"女子力"具有建构与巩固性别规范的作用。

其次,本书从"女子力"的相关词,即从"女子力"联想到的词语及能够形容与描述"女子力"的词语出发,进一步分析了"女子力"与"女性らしさ(女性气质)"的关联及"女子力"的关联领域。在此基础上,将"女子力"与"女性"的形容词共现词作了对比,进一步探析了"女子力"的特征。通过分析"女子力"的联想词及能够描述与形容"女子力"的词语发现,"女子力"与"性格、外貌、形象""家务、做饭""待人接物的态度"这三个领域息息相关,与此同时,这三个领域从"个人"到"家庭"最后扩展至整个"社会";通过分析"女子力"联想词中的形容词及描述"女子力"词语中的形容词发现,"女子力"是建构"女性らしさ(女性气质)"的手段及资源。同时,将这些形容词与"女性"的共现形容词对比分析后发现,"女子力"联想词中的形容词、描述"女子力"词语中的形容词及"女性"的共现形容词均与"女性らしさ(女性气质)"相关联,但与"女性"的共现形容词不同的是,"女子力"与表示年轻的词语"若さ"的关联较为薄弱,从这一点来讲,"女子力"是在任何人身上都可能看到的能力,它与年龄的关系不大。

再次,本书从元话语(メタ語用)的角度出发,探析了"女子力"在日常交流中呈现的语用特征。在具体分析上,本书依次分析了调查对象作

为"说话人"及"听话人"所记述的"女子力"的使用情况。通过以"说话人"为视角的分析发现，不论是女性调查对象还是男性调查对象均会对自己的朋友使用"女子力"及相关表达；从性别来看，作为"说话人"的女性调查对象对同性使用"女子力"的次数较多，而男性调查对象对同性及异性均会使用"女子力"；同时，从"说话人"视角观察到的体现在女性身上的"女子力"与体现在男性身上的"女子力"有所不同：与体现在女性身上的"女子力"相比，体现在男性身上的"女子力"范围较为狭窄，即女性的"女子力"体现在"携带物""做饭""巧手""外形""恩惠行为"这五个方面，而男性的"女子力"仅体现在"携带物""做饭""恩惠行为"这三个方面；作为"说话人"的调查对象对他人使用的与"女子力"相关的具体表达有1）女子力ある（有女子力）、2）女子力高いね（女子力真强啊）、3）女子力貸して（借一下你的女子力）这三类；作为"说话人"的调查对象记述的"女子力"使用场景的具体描述中有"褒めた（表扬）"及"冗談（开玩笑）""ふざけていう（调侃地说）"等语言标记，从这些语言标记可以看出，女性将"女子力ある（有女子力）""女子力高いね（女子力真强啊）"当作"表扬"对方的话语使用，而男性将其作为"开玩笑的表扬（冗談としてのほめ）"使用，这一不同之处表明了男性对"女子力"抱有的距离感。"女子力"虽然超越其字面所表明的性别界限进入男性领域，在日常交流中对"男性"也可以使用"女子力"，但"女子力"原本是属于女性领域的观念使得男性对"女子力"抱有距离感，这一点从"冗談（开玩笑）""ふざけていう（调侃）"等解释也得以证实。通过以"听话人"为视角的分析发现，女性调查对象的朋友及长辈（母亲）会对其使用"女子力"，男性调查对象的普通朋友及女朋友会对其使用"女子力"；使用时的具体表达有"女子力高い（女子力真强）""女子力ある（有女子力）"等赞赏调查对象具备"女子力"的表达，亦有"女子力低い（女子力很弱）""女子力ないぞ（没有女子力）""女子力を磨きなさい（提高一下你的女子力）"等批评调查对象没有"女子力"的一些表达。从调查对象作为"听话人"的描述发现，"女子力"不仅具有赞赏别人的语用效果，同时也有"批评"与"忠告"别人的语用效果。

第7章 结语

　　通过观察"女子力"的使用情况得知,"女子力"会被当作赞赏别人的话语使用,这一特点从调查对象作为"说话人"及"听话人"的视角均得以证实,但"女子力"作为"忠告"与"批评"别人的话语使用的情况仅从调查对象作为"听话人"的视角可见。不论是女性调查对象还是男性调查对象均会使用"女子力"来夸奖他人,同时别人也会用"女子力"夸奖她/他,但仅有部分女性调查对象有过别人对其负面使用"女子力"的经历,即别人用"女子力"的相关表达对其进行批评与忠告。

　　通过分析"女子力が高いね(女子力真强)"这句话语及其应答发现,调查对象对"女子力が高いね(女子力真强)"这句话有"应答"及"不应答"两种方式。通过分析调查对象记述的"不应答"的具体理由得知,女性调查对象及男性调查对象均对"女子力"抱有距离感,但这份距离感的来源存在不同之处:女性调查对象抱有距离感的原因在于其对"女子力"这一词语不够熟悉,而男性调查对象对"女子力"抱有距离感的原因在于"女子力"所蕴含的性别因素。此次调查范围内,绝大多数调查对象表示对"女子力が高いね(女子力真强)"这句话语会作应答,但应答的具体方式不尽相同,通过分类发现,调查对象的应答方式可分为"肯定""疑问""否定"这三类,即当别人对其说"女子力が高いね(女子力真强)"这句话语时,部分调查对象会肯定与接受这句话语,部分调查对象会对此表示疑问,部分调查对象会对此表示否定与拒绝。但值得注意的是,在具体的应答上,男性调查对象会用"我是男生""我不是女生"等话语来强调自己的性别身份。从这一点可以发现,虽然"女子力"超越了其字面所示的性别界限,可使用的对象扩展到了男性,但男性依旧对其保有一定的距离。

　　最后,本书借用评价理论对"女子力"的评价情况进行了探讨。整体来看,调查对象对"女子力"抱有的印象有"很好""比较好""不太好""不好"这四类,从这点来讲,调查对象对"女子力"的评价不尽相同,"女子力"的评价情况富于多样性。通过对调查对象所记述的评价理由发现,"女子力"具有双面性特征,而这一双面性特征可通过"女子力"蕴含的能力因素及性别因素来解释:"女子力"作为一种能力,其所呈现

的能力、习惯、行为特征是值得被肯定的，与其相关的话语亦会作为表扬别人的话语使用，不论是从内涵还是语用效果来看，可以说"女子力"是一个正面词语。但另一方面，"女子力"与"女性"这一性别主体捆绑在一起，存在强化社会对女性刻板印象的可能，同时社会也会用其向女性提出期待，这难免会引起部分人尤其是女性的反感。

以上是对本书内容的回顾与总结，接下来阐述本书内容的意义所在。

7.2 本书的意义

本书可为"语言与性别研究""词汇研究"等方面作出贡献。

语言与性别研究层面

本书从词语表达及语言使用的角度出发，对"女子力"这一流行词进行了多维度探析。"性别表达研究（ジェンダー表現研究）"的相关前人研究着重分析了词语表达的语义特征：从非对称性的观点阐释了指称男性的词语及指称女性词语的不同之处。从这点来看，本书与前人研究的不同之处在于，首先从词语表达层面出发，对"女子力"的内涵特征、"女子力"与"女性らしさ（女性气质）"的异同、"女子力"的关联领域及"女子力"在"力"的派生词中的定位进行了探析；接着，从语用及元话语的角度出发，论述了"女子力"在日常交流中的使用情况及所呈现的特征。因此，本书将"性别表达研究（ジェンダー表現研究）"及"语言使用及性别研究（言語使用とジェンダー研究）"相结合，探讨了"女子力"一词，呈现了多维度探析"性别表达"的可能性。另外，本书阐释了"女子力"在词语表达方面及语言使用方面的特征，厘清了"女子力"与"女性らしさ（女性气质）"的关联、"女子力"与"性别规范"及其再生产的关联。换言之，通过本书的分析及考察，廓清了"女子力"蕴含的性别因素，如"女子力"将建构"女性らしさ（女性气质）"的过程可视化、"女子力"是诠释"做性别（doing gender）"这一行为的概念。同时，"女子力"是建构"女性らしさ（女性气质）"的资源及手段。本书通过厘清"女子

力"及"女性らしさ（女性气质）"的关联，进一步佐证了前人研究提出的"女性らしさ（女性气质）"是被创造、建构起来的观点。

词汇研究层面

想要厘清某个分析对象在其所处系统中的定位，通常情况下，首先要厘清这个对象所处系统的整体特征。后缀"力"的造词能产性非常强，由其构成的派生词不胜枚举。本书为了厘清"女子力"的定位，首先分析了"力"的派生词系统的整体特征：通过抽取语料库中"力"的派生词的语料，以及对其的分类分析，厘清了"力"的派生词的整体特征。这个分析结果可为词汇研究中的"力"的派生词研究提供参考。同时，本书以现代日语中与性别相关的词语"女子力"为分析对象，对其进行了多维度分析与考察，这种研究视角呈现了词汇研究的新的可能性。本书没有像以往的词汇研究那样，将分析的重点放在词汇的量性特征及系统特征上，而是以语言与性别连接点上的"女子力"为分析对象，从内涵特征、日常使用特征、评价者对其的评价特征出发，进行了多维度的分析与考察。这样的分析方法可以确保对分析对象全面考察，为词汇研究提供了新的研究视角。

社会意义层面

"女子力"的分析结果能够引起人们对于"女性らしさ（女性气质）"的认知变化。佐竹久仁子（2018）指出，人们相信"女性らしさ（女性气质）"和"男性らしさ（男性气质）"是天生存在的性别差异，这就要求女性和男性按照不同的行为规范来行事[①]。本书的分析结果表明，通过提高"女子力"可以建构"女性らしさ（女性气质）"，而这一分析结果可以引起人们重新思考日语既存概念"女性らしさ（女性气质）"。另外，从调查对象对"女子力"的评价可以看出，"女子力"可能会助长社会对女性的刻板印象及将女性气质强加于女性身上的可能性。在这种情况下，女性和男性可以根据自己的价值观各自决定"女子力"的内涵，将"女子

[①]「女らしさ」「男らしさ」という自然の性差が存在するという信念は、女と男に別々の行為規範（ジェンダー規範）にのっとったふるまいを要請する。（佐竹久仁子，2018）

力"视为一种无关性别的能力，不将其强加于女性的认知方式是可取的。

7.3 展望

本书今后可继续探索的问题如下。

第一，今后可通过将汉语的"力"的派生词与日语的"力"的派生词作对比，以此阐释后缀"力"的构词原理。本书为了厘清"女子力"在"力"的派生词当中的定位，使用语料库的资料建立了"力"的派生词系统，并对其进行了分类分析，把握了"力"的派生词的整体特征。通过语言之间的对比可以更好地阐释语言所具备的特征。汉语中也有"想象力""影响力"等"力"的派生词，厘清在构词原理上后缀"力"在汉语、日语中呈现的异同点是今后将要继续探索的问题。

第二，在"女子力"的研究上，今后将会扩大调查规模进一步对其进行分析与考察。本书的调查对象集中在10～20岁及二十几岁的大学生及研究生上，因此，在"女子力"的定义及评价情况上，本书未能看出可能存在的职业差异及年龄差异。基于此，今后将扩大调查对象的规模，探究不同职业群体及年龄群体对"女子力"的解释及评价。同时，因考虑到调查问题范围的广度及数据的规模，本书此次以问卷调查的形式收集了分析材料。今后将以采访的形式更加细致地收集材料，对"女子力"进行质性调查，通过质性调查，进一步分析"女子力"与"性别规范"再生产及"女子力"与"男性气质"的问题。

第三，今后将扩大分析对象。本书以"女子力"为分析对象，对其进行了多维度分析。"ワーキングママ（职业妈妈）""イクメン（育儿男性/奶爸）""○○ガール（~女孩）""○○女子""○○男子"等词语均是与性别相关联的词语表达。今后将从构词、内涵、使用等角度出发，系统分析这些与性别相关的词语表达。通过厘清性别表达的特征，可以为语言与性别研究以及词汇研究提供参考。

本书就日语流行词"女子力"作了探讨。分析发现，"女子力"虽然作为新词出现在21世纪，但它与日语既存概念"女性らしさ（女性气质）"

密切关联。它既像是"女性气质（女性らしさ）"的同义词又像是其反义词，它的出现既可以打破人们对于"女性气质（女性らしさ）"的固有认知，在瓦解日本社会根深蒂固的性别观念上起到积极作用，但与此同时，它又在建构以及巩固对于女性的性别规范。"女子力"出现在"赞赏、调侃、教育"等日常语言互动中，具备"女子力"的受到表扬，欠缺"女子力"的受到调侃与教育。无论是赞赏、调侃还是教育，这些语言互动行为无疑在建构与加固对于女性的性别规范。

附录1　问卷调查

「女子力」に関する調査

　　本調査へのご回答の内容は学術的な目的以外に使用することは決してございません。また皆様の個人情報を他者に見せることもございません。個人情報の保護に最大限の配慮をいたします。皆様が記入してくださるご回答は「女子力」に関する研究において、貴重な参考資料やデータとなりますので、ご協力をお願いいたします。

筑波大学人文社会科学研究科　国際日本研究専攻　馬雯雯

Ⅰ ご自身のことについて

1. 性別
□女性
□男性
□答えたくない

2. 年齢
□10代
□20代
□30代
□40代
□50代

□答えたくない
3．職業・身分

Ⅱ 調査項目

問1：「女子力」ということばを知っていますか。知っているなら、どのようにして知ったのかを教えてください。
　□知っている
　□知らない
　どのようにして知ったのか。(複数選択可)
　□雑誌
　□テレビ
　□インターネット・SNS
　□授業・教科書
　□周りの人
　□その他

問2：問1で「知っている」と答えた方におたずねします。あなたが考える「女子力」とは何ですか。問1で「知らない」と答えた方におたずねします。「女子力」とは何だと思いますか。

問3：「女子力」から連想する形容詞を挙げてください。

問4：「女子力」に対してどのようなイメージを持っていますか。
　□いいイメージ
　□どちらかというといいイメージ
　□よくないイメージ
　□どちらかというとよくないイメージ
　□特にイメージは持っていない

その理由：

問5：「女子力」を表す形容詞を挙げてください。

問6：「女子力」およびそれを含むことばを誰かに使ったことがありますか。ありましたら、どこで誰（性別、関係）にどんな言い方で使ったか、相手はどのような反応をしたかを具体的に教えてください。

問7：「女子力」及びそれを含むことばを誰かに使われたことがありますか。ありましたら、どこで誰（性別、関係）にどんな言い方でその時の自分の反応を具体的に教えてください。

問8：「女子力が高いね」と言われたら、それに対しての返事はしますか。するなら、どのような発話をしますか。しないなら、その理由を教えてください。

問9：「女子力」に関して考え方や意見があれば、自由にご記入ください。

附录2 "力"的派生词

词频顺序：51—119

总计词数：7304　区别词数：867

顺序	词语（词频）	区别词数
51	語学力（83）	1
52	資金力（78）、感染力（78）	2
53	財政力（75）	1
54	構想力（74）	1
55	対抗力（73）、消防力（73）	2
56	観察力（72）	1
57	求心力（71）	1
58	戦闘力（70）	1
59	組織力（69）、交渉力（69）、総合力（69）	3
60	包容力（66）、回復力（66）	2
61	潜在力（65）、ブランド力（65）、防御力（65）、供給力（65）	4
62	吸収力（63）	1
63	販売力（62）	1
64	収納力（61）	1
65	教育力（59）	1
66	適応力（58）	1
67	営業力（57）	1

续表

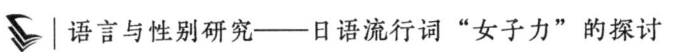

顺序	词语（词频）	区别词数
68	吸引力（56）	1
69	企画力（55）	1
70	神通力（54）、生活力（54）、経営力（54）	3
71	歌唱力（53）、カバー力（53）	2
72	復元力（52）	1
73	読解力（51）	1
74	霊能力（50）	1
75	起電力（49）、持続力（49）、地域力（49）	3
76	集客力（48）、守備力（48）	2
77	回転力（47）	1
78	決定力（45）	1
79	減衰力（44）	1
80	文章力（42）、発想力（42）	2
81	情報力（40）、資本力（40）	2
82	警察力（39）、繁殖力（39）	2
83	計算力（38）	1
84	工業力（37）、慣性力（37）、爆発力（37）、海軍力（37）、執行力（37）、親和力（37）	6
85	耐久力（36）、得点力（36）	2
86	牽引力（35）、打撃力（35）、自衛力（35）、地震力（35）、防災力（35）、制動力（35）	6
87	直感力（34）、結束力（34）、反発力（34）	3
88	保湿力（33）	1
89	分析力（32）、保水力（32）、統率力（32）、商品力（32）、コミュニケーション力（32）	5
90	航続力（31）	1
91	応用力（30）、自給力（30）	2
92	粘着力（29）、構成力（29）、介護力（29）、弾性力（29）	4
93	意志力（28）、チーム力（28）、競技力（28）、解像力（28）	4

附录2 "力"的派生词

续表

顺序	词语（词频）	区别词数
94	収縮力（27）、人間力（27）、操舵力（27）	3
95	結合力（26）、背筋力（26）、動員力（26）、証明力（26）、団結力（26）	5
96	保存力（25）	1
97	加圧力（23）、国語力（23）、出生力（23）	3
98	直観力（22）、自然力（22）、殺傷力（22）	3
99	推理力（21）、実践力（21）、パンチ力（21）、投手力（21）、空気力（21）、長打力（21）	6
100	段取り力（20）	1
101	統制力（19）、会話力（19）、駆動力（19）、認識力（19）、提案力（19）、捜査力（19）	6
102	抗菌力（18）、機械力（18）、空想力（18）、担保力（18）、収容力（18）、電磁力（18）、光子力（18）	7
103	洗浄力（17）、衝撃力（17）、科学力（17）、調達力（17）、一行力（17）、基礎力（17）、収集力（17）	7
104	描写力（16）、抑制力（16）、殺菌力（16）、浸透力（16）、せん断力（16）、財務力（16）、仕事力（16）、担税力（16）、	8
105	説明力（15）、生存力（15）、アップ力（15）、水平力（15）、絶対力（15）、中心力（15）	6
106	感化力（14）、形成力（14）、記銘力（14）、魔導力（14）、保温力（14）、キープ力（14）、グリップ力（14）、磁気力（14）、制球力（14）	9
107	作用力（13）、活動力（13）、再生力（13）、発信力（13）、吸水力（13）、出産力（13）	6
108	批判力（12）、跳躍力（12）、取材力（12）、移動力（12）、コントロール力（12）、リスニング力（12）	6
109	起動力（11）、ジャンプ力（11）、公信力（11）、有形力（11）、論理力（11）、保持力（11）、イメージ力（11）、けん引力（11）、ものづくり力（11）、治ゆ力（11）、調整力（11）	11
110	消化力（10）、主導力（10）、独占力（10）、意思力（10）、貫通力（10）、文法力（10）、読書力（10）、支持力（10）、媒体力（10）、デザイン力（10）、マーケティング力（10）、屈折力（10）、整理力（10）、訴求力（10）	14

· 167 ·

续表

顺序	词语（词频）	区别词数
111	熱水力（9）、負担力（9）、行政力（9）、国防力（9）、規制力（9）、キック力（9）、喚起力（9）、恋愛力（9）、認知力（9）、展開力（9）、シュート力（9）、圧縮力（9）、運営力（9）、語彙力（9）	14
112	鑑賞力（8）、予備力（8）、消費力（8）、企業力（8）、識別力（8）、知覚力（8）、掌握力（8）、吸着力（8）、通用力（8）、独創力（8）、自制力（8）、防犯力（8）、発展力（8）、発見力（8）、把握力（8）、鈍感力（8）、バランス力（8）、暗記力（8）、加速力（8）、還元力（8）、前後力（8）	21
113	上昇力（7）、接着力（7）、空軍力（7）、造形力（7）、酸化力（7）、選択力（7）、摂取力（7）、輸出力（7）、保障力（7）、勃起力（7）、文化力（7）、透過力（7）、カール力（7）、マネジメント力（7）、演奏力（7）、革新力（7）、管理力（7）、言語力（7）、子育て力（7）、先行力（7）、調節力（7）	21
114	探求力（6）、浄化力（6）、迫真力（6）、学習力（6）、計画力（6）、伝染力（6）、宣伝力（6）、蒸気力（6）、固定力（6）、運動力（6）、把持力（6）、電気力（6）、人間関係力（6）、現場力（6）、個人力（6）、実現力（6）、設定力（6）、断面力（6）	18
115	透視力（5）、潮汐力（5）、速読力（5）、感応力（5）、演出力（5）、凝集力（5）、創作力（5）、抱擁力（5）、市場力（5）、運搬力（5）、公定力（5）、金融力（5）、前進力（5）、外交力（5）、連想力（5）、突破力（5）、提供力（5）、活性力（5）、順応力（5）、咬合力（5）、咀嚼力（5）、妄想力（5）、萌芽力（5）、分節力（5）、統一力（5）、アピール力（5）、スプリント力（5）、ダッシュ力（5）、デッサン力（5）、育成力（5）、引張力（5）、加持力（5）、解決力（5）、回避力（5）、鬼神力（5）、受容力（5）、集票力（5）、創出力（5）、耐寒力（5）、代謝力（5）	40
116	読心力（4）、数学力（4）、運用力（4）、霊視力（4）、風圧力（4）、結集力（4）、精霊力（4）、復原力（4）、志向力（4）、作文力（4）、共感力（4）、評価力（4）、哺乳力（4）、労働力（4）、魔法力（4）、保護力（4）、粘性力（4）、伝達力（4）、適合力（4）、プロデュース力（4）、育種力（4）、活用力（4）、規範力（4）、脚筋力（4）、区民力（4）、検出力（4）、購売力（4）、採用力（4）、潤滑力（4）、女子力（4）、精進力（4）、製品力（4）、折衝力（4）	33

· 168 ·

续表

顺序	词语（词频）	区别词数
117	ディフェンス力（3）、救済力（3）、探究力（3）、統御力（3）、感受力（3）、自活力（3）、夫婦力（3）、産業力（3）、起爆力（3）、神道力（3）、貫徹力（3）、解読力（3）、生殖力（3）、解答力（3）、呪縛力（3）、神秘力（3）、調査力（3）、呪術力（3）、物理力（3）、マーチャンダイジング力（3）、仮説力（3）、扶養力（3）、拮抗力（3）、毛管力（3）、防護力（3）、編集力（3）、分解力（3）、腹筋力（3）、武装力（3）、父親力（3）、付着力（3）、飛翔力（3）、濃縮力（3）、入居力（3）、統治力（3）、締結力（3）、カット力（3）、コメント力（3）、シナジー力（3）、ストローク力（3）、そしゃく力（3）、ソフト力（3）、ネットワーク力（3）、ホールド力（3）、育児力（3）、印象力（3）、隠ぺい力（3）、許容力（3）、緊張力（3）、軍備力（3）、健康力（3）、研磨力（3）、公示力（3）、斬撃力（3）、質問力（3）、授業力（3）、集金力（3）、潤い力（3）、常識力（3）、水軍力（3）、制作力（3）、政策力（3）、切替力（3）、先見力（3）、選定力（3）、操作力（3）、増殖力（3）、対話力（3）、着回し力（3）	69
118	鑑識力（2）、予見力（2）、設計力（2）、作句力（2）、即応力（2）、構築力（2）、浮揚力（2）、基本力（2）、拡張力（2）、解釈力（2）、展望力（2）、防禦力（2）、禅定力（2）、殺虫力（2）、致傷力（2）、促進力（2）、増幅力（2）、独裁力（2）、保証力（2）、誘引力（2）、聴取力（2）、白浄力（2）、プランニング力（2）、弁別力（2）、散布力（2）、金銭力（2）、占有力（2）、剪断力（2）、論争力（2）、連携力（2）、流動力（2）、率先力（2）、抑圧力（2）、養成力（2）、養育力（2）、予言力（2）、忘却力（2）、募集力（2）、保冷力（2）、文明力（2）、噴出力（2）、分散力（2）、物体力（2）、復興力（2）、負債力（2）、美白力（2）、販促力（2）、発酵力（2）、爆破力（2）、売場力（2）、内燃力（2）、内省力（2）、同化力（2）、闘争力（2）、転換力（2）、定着力（2）、亭主力（2）、追及力（2）、沈降力（2）、直覚力（2）、コーディネート力（2）、サービス力（2）、サポート力（2）、ジェット力（2）、セット力（2）、タイミング力（2）、ブレーキ力（2）、ポンプ力（2）、ランダム力（2）、暗示力（2）、暗唱力（2）、押し付け力（2）、温泉力（2）、加重力（2）、家族力（2）、海・空軍力（2）、換気力（2）、環境力（2）、競合力（2）、凝縮力（2）、区別力（2）、継続力（2）、警備力（2）、検討力（2）、巧打力（2）、考察力（2）、資産力（2）、失敗力（2）、守護力（2）、集光力（2）、消臭力（2）、証拠力（2）、侵食力（2）、新聞力（2）、診断力（2）、遂行力（2）、制御力（2）、製造力（2）、静電力（2）、接客力（2）、耐震力（2）、断行力（2）、知識力（2）、着こなし力（2）、目測力（2）	105

续表

顺序	词语（词频）	区别词数
	都市力、集散力、理知力、抗カビ力、遊泳力、息子力、更新力、印刷力、領導力、争闘力、ポテンシャル力、反応力、呼吸力、修辞力、魅惑力、格闘力、技巧力、行軍力、祈禱力、集注力、システム力、治水力、涵養力、保全力、作成力、肉体力、主砲力、識字力、遺伝力、呼応力、解明力、発現力、読譜力、排斥力、処理力、搭載力、右脳力、励起力、振動力、遡及力、後統力、制約力、越冬力、燃焼力、作動力、アクセス力、明察力、統合力、強打力、瞑想力、溯上力、撥水力、嚥下力、論述力、老い力、霊媒力、霊感力、冷却力、緑茶力、流通力、陸海軍力、理智力、理性力、螺旋力、要約力、予測力、融資力、融合力、誘導力、誘起力、優先力、輸入力、癒し力、目利き力、無限力、無形力、夢現力、民度力、密着力、翻訳力、防腐力、防水力、防止力、膨張力、砲兵力、砲戦力、砲撃力、放湿力、包摂力、補完力、募債力、捕球力、弁識力、勉強力、返済力、変容力、変更力、変革力、平衡力、平行力、分離力、分泌力、物語力、福祉力、風水力、浮上力、普選力、品揃え力、描画力、表面力、漂白力、飛躍力、秘法力、 比較力、反響力、発話力、発毛力、発動力、発揮力、発芽力、追力、拍出力、排出力、排泄力、排気力、馬券力、農民力、納税力、入札力、乳化力、内容力、内包力、読破力、読影力、特効力、動物力、投票力、登坂力、伝承力、転職力、転向力、天然力、天才力、適用力、締付力、通信力、追究力、追い越し力、諜報力、成形力、Amazon力、DF力、アメフト力、インプット力、エンジン力、おかず力、オフェンス力、オペレーション力、くちびる力、クラブ力、クレンジング力、ゲンキ力、ジャーナリズム力、ジョギング力、スタイリング力、ストレート力、スパーク力、スプリング力、セールス力、セレブ力、つながり力、つまみ力、テコ力、ドライヴ力、ドリブル力、ナニワ力、パフォーマンス力、ヒアリング力、ビジネス力、フィード力、ウォータープルーフ力、プレゼン力、プレゼンテーション力、ヘゲモニー力、ボリューム力、マナー力、メッセージ力、ロングラッシュ力、ラッセル力、リード力、リカバリー力、リバウンド力、レシーブ力、ろ過力、圧送力、圧着力、安定力、威嚇力、維新力、英文力、駅伝力、下降力、化学力、加工力、家庭力、華やぎ力、介入力、会合力、解析力、界面力、開拓力、概念力、獲得力、覚知力、学校力、活着力、感覚力、感情力、感銘力、漢字力、監察力、監視力、監督力、看護力、艦戦力、観光力、希釈力、祈念力、規律力、記述力、技能力、吸湿力、吸盤力、吸油力、供与力、共生力、強権力、教学力、教師力、教授力、緊縛力、屈伸力、君臣力、係留力、傾聴力、兄妹力、啓発力、撃退力、結界力、血液力、検索力、研究力、見栄え力、見積もり力、減塩力、減速力、抗ガン力、抗病力、航空力、行使力、合格力、国際力、作業力、削減力、策定力、刷新力、察知力、雑談力、散逸力、産出力、姉妹力、市民力、思弁力、指揮力、指南力、支援力、視察力、事業力、時間力、磁界力、自信力、自生力、自給自足力、自立力、実務力、射撃力、社会力、遮光力、邪視力、邪霊力、受け入れ力、受信力、受胎力、呪験力、需給力、修辞力、修復力、習得力、	

续表

顺序	词语（词频）	区别词数
119	集魚力、出入力、駿足力、初見力、除水力、渉外力、省察力、省略力、証言力、上向き力、情緒力、植物力、触発力、伸展力、人事力、人前力、垂直力、推察力、推測力、推認力、推論力、水泳力、睡眠力、世渡り力、制裁力、征服力、清浄力、製作力、積載力、接地力、先導力、専門力、洗脳力、戦略力、染毛力、選句力、組成力、雇用力、想起力、捜索力、早食い力、相対力、装備力、走塁力、造型力、造船力、即断力、存在力、駄載力、対向力、耐酸力、大人力、脱脂力、脱水力、単語力、段取力、値引き力、蓄財力、蓄熱力、着火力、聴解力、調停力	360

参考文献

【日语文献】

[1] 井出祥子.女性語の世界：女性語研究の新展開を求めて[M]//井出祥子.女性語の世界.東京：明治書院，1997.

[2] 伊藤公雄，樹村みのり，國信潤子.女性学・男性学：ジェンダー論入門（第3版）[M].東京：有斐閣アルマ，2019.

[3] 今西恭子.スポーツ記事にあらわれる主観性：日豪の新聞記事の比較を通して[J].時事英語学研究，2006，45：15-28.

[4] 内田伸子.会話行動に見られる性差[M]//井出祥子.女性語の世界.東京：明治書院，1997.

[5] 遠藤織枝.辞書と新聞にみる男性と女性[J].ことば，1982，3：1-20.

[6] 遠藤織枝.女性を表わすことば（2）：明治20年代を中心に[J].ことば，1983，4：1-27.

[7] 遠藤織枝.女性を表す語句と表現：新聞の人物紹介と雑誌広告の欄から[M]//井出祥子.女性語の世界.東京：明治書院，1997.

[8] 遠藤織枝.男性のことばの文末[M]//現代日本語研究会.男性のことば・職場編.東京：ひつじ書房，2002.

[9] 王淑琴.接尾辞「的」の意味と「的」が付く語基との関係について：名詞修飾の場合[J].日本語教育，2000，104：50-59.

[10] 大上真礼，寺田悠希：「女子力」と「男らしさ・女らしさ」に違いはあるか：測定語の変遷に着目して[J].田園調布学園大学紀要，

2016, 11: 169-188.

[11] 奥津敬一郎.連体修飾とは何か[J].日本語学, 2004, 23（3）: 6-16.

[12] 尾崎喜光.女性専用の文末形式のいま[M]//現代日本語研究会.女性のことば・職場編.東京: ひつじ書房, 1997.

[13] 影山太郎.接尾辞「-化」, -ize, -ifyの属性叙述機能[J].人文論究, 2007, 57（2）: 19-36.

[14] 金丸芙美.日本の女性語: 人称代名詞・呼称[J].日本語学, 1993, 12（6）: 109-119.

[15] 金丸芙美.人称代名詞・呼称[M]//井出祥子.女性語の世界.東京: 明治書院, 1997.

[16] 鹿野政直.婦人・女性・おんな: 女性史の問い[M].東京: 岩波書店, 1989.

[17] 河上誓作.認知言語学の基礎[M].東京: 研究社, 1996.

[18] 河原和枝.「女子」の意味作用[M]//馬場伸彦・池田太臣.「女子」の時代！.東京: 青弓社, 2012.

[19] 神田靖子.過渡期にある男性性: ブロガーの「草食男子」への評価からみる男らしさ[M]//神田靖子・高木佐知子.ディスコースにおける「らしさ」の表象.大阪: 大阪公立大学共同出版会, 2013.

[20] 菊地夏野.「女子力」とポストフェミニズム: 大学生の「女子力」使用実態アンケート調査から[J].人間文化研究, 2016, 25: 19-48.

[21] 菊地夏野.日本のポストフェミニズム: 「女子力」とネオリベラリズム[M].東京: 大月書店, 2019.

[22] 金光成.評価的意味を表わす日本語複合動詞の用法と文脈[J].日語日文學, 2014, 64（64）: 43-61.

[23] 近藤優衣.「女子力」の社会学: 雑誌の質的分析から[J].女子学研究, 2014, 4: 24-34.

[24] 京極興一.「女性」の語誌－明治初期から中期に至る－[J].上田女子短期大学紀要, 1994, 17: 21-29.

[25] 小川早百合.現代の若者会話における文末表現の男女差[M]//日本

語教育論文集小出詞子先生退職記念編集委員会.日本語教育論文集：小出詞子先生退職記念.東京：凡人社，1997.

[26] 国立国語研究所.国立国語研究所報告44形容詞の意味・用法の記述的研究[M].東京：秀英出版，1972.

[27] ことばと女を考える会.国語辞典にみる女性差別[M].京都：三一書房，1985.

[28] 小林美恵子.自称・対称は中性化するか？[M]//現代日本語研究会.女性のことば・職場編.東京：ひつじ書房，1997.

[29] 小林美恵子.「日常生活」における自称詞：特徴と使い分け[M]//遠藤織枝・小林美恵子・佐竹久仁子・高橋美奈子.談話資料：日常生活のことば.東京：ひつじ書房，2016.

[30] 小山亘.記号の思想現代言語人類学の一軌跡：シルヴァスティン論文集[M].東京：三元社，2009.

[31] 小山亘.メタコミュニケーション論の射程：メタ語用的フレームと社会言語科学の全体[J].社会言語科学，2016，19（1）：6-20.

[32] 斎藤倫明.語彙総論[M]//斎藤倫明.講座言語研究の革新と継承日本語語彙論Ⅰ.東京：ひつじ書房，2016.

[33] 桜井隆.「おれ」と「ぼく」[M]//現代日本語研究会.男性のことば・職場編.東京：ひつじ書房，2002.

[34] 佐々木掌子・尾崎幸謙.ジェンダー・アイデンティティ尺度の作成[J].パーソナリティ研究，2007，15（3）：251-265.

[35] 佐々木瑞枝.女と男の日本語辞典（上巻）[M].東京：東京堂出版，2000.

[36] 佐々木瑞枝.女と男の日本語辞典（下巻）[M].東京：東京堂出版，2003.

[37] 佐々木瑞枝.日本語の男性を表す語句と表現：資料からみる日本語の変遷[M]//日本語ジェンダー学会.日本語とジェンダー.東京：ひつじ書房，2006.

[38] 佐々木瑞枝.ジェンダーから見た日本語の現在[J].日本語学，2018，

37（4）：2–10.

[39] 佐竹久仁子.フェミニズムと語彙[M] // 斎藤倫明・石川正彦.これからの語彙論.東京：ひつじ書房，2011.

[40] 佐竹久仁子.ことばの規範とジェンダー：こどもたちが学ぶこと[J].日本語学，2018，37（4）：44–54.

[41] 佐竹秀雄.女性冠詞の根本問題は解決していない[M] // 遠藤織枝.女とことば：女は変わったか、日本語は変わったか.東京：明石書店，2001.

[42] 佐野大樹.ブログにおける評価表現の使い分けの特徴：アプレイザル理論からみた評価基準と表現の直接性/間接性の関係[J].計量国語学，2010，27（7）：249–269.

[43] 佐野大樹.日本語アプレイザル評価表現辞書（JAppraisal辞書）〜態度評価編〜 Version1.2 仕様説明書，及び，評価表現分類表[EB/OL].[2020–09–25].https：//www.gsk.or.jp/files/catalog/GSK2011C/JAppraisal1.2_READMEONLY–release1.0.1–active.pdf.

[44] 佐野大樹.アプレイザル理論を基底とした評価表現の分類と辞書の構築[J].国立国語研究所論集，2012b，3：53–83.

[45] 寿岳章子.日本語と女[M].東京：岩波書店，1979.

[46] 徐微潔.新聞記事からみた女性標示語「女流〜」の現在[J].ことば，2012b，33：50–68.

[47] 徐微潔.日本語における女性標示語「女子〜」[J].日本語と日本文学，2013a，55：22–37.

[48] 徐微潔.女性標示語としての「女〜」と"女（nv）〜"：日中対照研究の試み[J].ことば，2013c，34：43–58.

[49] 徐微潔.現代日本語におけるジェンダー表現：「女性標示語」を中心に[D/OL]筑波：筑波大学，2014[2018–4–20]. https：//core.ac.uk/download/pdf/56657622.pdf.

[50] 鈴木英夫.現代日本語における女性の文末詞[M] // 佐々木峻・藤原与一.日本語文末詞の歴史的研究.東京：三弥井書店，1998.

[51] 鈴木睦.女性語の本質：丁寧さ、発話行為の視点から[M]//井出祥子.女性語の世界.東京：明治書院,1997.

[52] 関崎博紀.日本人大学生同士の雑談に見られる否定的評価の言語的表現方法に関する一考察[J].日本語教育,2013,155：111-125.

[53] 関洋平.コミュニティ QA における意見分析のためのアノテーションに関する一検討[J].自然言語処理,2014,21（2）：271-299.

[54] 高井範子・岡野孝治.ジェンダー意識に関する検討：男性性・女性性を中心にして[J].太成学院大学紀要,2009,11：61-73.

[55] 高橋準.ジェンダー学への道案内（四訂版）[M].東京：北樹出版,2014.

[56] 田中和子.新聞にみる構造化された性差別表現[M]//磯村英一・福岡安則.マスコミと差別語問題.東京：明石書店,1984.

[57] 田中和子・女性と新聞メディア研究会.新聞において女性はどのように表現されているか：「新聞紙面にあらわれたジェンダー」第四回調査を中心に[J].国学院法学,2006,43（4）：69-162.

[58] 田中和子・女性と新聞メディア研究会.ミレニアムを通過した新聞ジェンダー表現の現在：「新聞紙面にあらわれたジェンダー」第五回調査を中心に[J].国学院法学,2009a,46（4）：55-134.

[59] 田中和子・女性と新聞メディア研究会.ミレニアムを通過した新聞ジェンダー表現の現在（その2）：第五回調査データの多変量解析と投書欄、テレビ面・ラジオ面、「少年」の用法の分析を中心に[J].国学院法学,2009b,47（3）：1-83.

[60] 田中和子・女性と新聞メディア研究会.ミレニアムを通過した新聞ジェンダー表現の現在（その3）：「延べ語数」と「異なり語数」の経年分析および「言語計画」の観点から[J].国学院法学,2011,48（4）：127-231.

[61] 田中和子・女性と新聞メディア研究会.新聞紙面にあらわれたジェンダー：第六回調査の量的分析を中心に[J].国学院法学,2017,54（4）：15-130.

[62] 田野村忠温.コーパスからのコロケーション情報抽出：分析手法の検討とコロケーション辞典項目の試作[J].阪大日本語研究,2009,21：21-41.

[63] 因京子.マンガに見るジェンダー表現の機能[J].日本語とジェンダー,2003,3：17-36.

[64] 因京子.談話ストラテジーとしてのジェンダー標示形式[M]//日本語ジェンダー学会.日本語とジェンダー.東京：ひつじ書房,2006.

[65] 趙麗君.漢語接尾辞「-化」の成立と展開[J].岡山大学大学院社会文化科学研究科紀要,2013,35：89-110.

[66] 辻幸夫.新編認知言語学キーワード事典[M].東京：研究社,2013.

[67] 坪井睦子.メタ・コミュニケーションとしてのメディア翻訳：国際ニュースにおける引用と翻訳行為の不可視性[J].社会言語科学,2016,19（1）：118-134.

[68] 中島晶子.新造語における「度」「系」「力」の用法[M]//大島弘子・中島晶子・ブラン・ラウル.漢語の言語学.東京：くろしお出版,2010.

[69] 中島悦子.疑問表現の様相[M]//現代日本語研究会.女性のことば・職場編.東京：ひつじ書房,1997.

[70] 中村桃子.ことばとフェミニズム[M].東京：勁草書房,1995.

[71] 中村桃子.ことばとジェンダー[M].東京：勁草書房,2001.

[72] 中村桃子.「言語とジェンダー研究」の理論[J].言語,2002,31(2)：24-31.

[73] 中村桃子.言語イデオロギーとしての「女ことば」：明治期「女学生ことば」の成立[M]//日本語ジェンダー学会.日本語とジェンダー.東京：ひつじ書房,2006.

[74] 中村桃子.「女ことば」はつくられる[M].東京：ひつじ書房,2007a.

[75] 中村桃子."性"と日本語：ことばがつくる女と男[M].東京：日本放送出版協会,2007b.

[76] 中村桃子.女ことばと日本語[M].東京：岩波書店,2012.

[77] 野村雅昭.接辞性字音語基の性格[J].電子計算機による国語研究,1978,9：102-138.

[78] 馬場伸彦.いまなぜ女子の時代なのか？[M]//馬場伸彦・池田太臣.「女子」の時代！.東京：青弓社,2012.

[79] 樋口耕一.社会調査のための計量テキスト分析：内容分析の継承と発展を目指して[M].京都：ナカニシヤ出版,2014.

[80] 樋口文彦.形容詞の評価的な意味[M]//言語学研究会.ことばの科学.東京：むぎ書房,2001.

[81] 広井多鶴子.「婦人」と「女性」：ことばの歴史社会学[J].群馬女子短期大学紀要,1999,25：121-136.

[82] 堀正広.英語コロケーション研究入門[M].東京：研究社,2009.

[83] マグロイン・花岡直美.終助詞[M]//井出祥子.女性語の世界.東京：明治書院,1997.

[83] 益岡隆志.日本語における授受動詞と恩恵性[J].言語,2001,30（5）：26-32.

[84] 増田祥子.女性文末形式の使用の現在：『女性のことば・職場編』調査と比較して[M]//遠藤織枝・小林美恵子・佐竹久仁子・髙橋美奈子.談話資料：日常生活のことば.東京：ひつじ書房,2016.

[85] 水本光美.テレビドラマと実社会における女性文末詞使用のずれにみるジェンダーフィルタ[M]//日本語ジェンダー学会.日本語とジェンダー.東京：ひつじ書房,2006.

[86] 宮崎あゆみ.日本の中学生のジェンダー一人称を巡るメタ語用的解釈：変容するジェンダー言語イデオロギー[J].社会言語科学,2016,19（1）：135-150.

[87] 八亀裕美.形容詞の評価的意味と形容詞分類[J].阪大日本語研究,2003,15：13-40.

[88] 山岡政紀・牧原功・小野正樹.コミュニケーションと配慮表現：日本語語用論入門[M].東京：明治書院,2010.

[89] 山下喜代.字音接尾辞「式・風・的」の意味：プロトタイプとスキ

ーマ[J].青山語文, 2011, 41: 130-142.

[90] 山下喜代.漢語接尾辞「系・派」について: 人物を表す派生語の分析を中心にして[J].青山語文, 2011, 45: 112-125.

[91] 山田進.コロケーションの記述と名詞の意味分類[J].日本語学, 2007, 26（12）: 48-57

[92] 吉田理加.法廷談話実践と法廷通訳: 語用とメタ語用の織り成すテクスト[J].社会言語科学, 2011, 13（2）: 59-71.

[93] 米澤泉.「女子」の誕生[M].東京: 勁草書房, 2014.

[94] 林玉恵.女性の一般呼称を表す日中同形語の意味分析:「女子」「女性」「婦女「婦人」を中心に[J].日本語研究センター報告, 2009, 16: 73-94.

【中文文献】

[1] 徐微洁.日语中"女性标示语"使用现状考察: 以《朝日新闻》的报道为例（a）[J].日语学习与研究, 2012（1）: 37-43.

[2] 徐微洁.日语女性标示语"妇人~"的流变及用法考察（b）[J].外语研究, 2013（2）: 41-47.

[3] 王振华.评价系统及其运作: 系统功能语言学的新发展[J].外国语, 2001（6）: 13-20.

[4] 王振华.评价理论: 魅力与困惑[J].外语教学, 2007,（6）: 19-23.

[5] 荀恩东, 饶高琦, 肖晓悦, 等.大数据背景下BCC语料库的研制[J].语料库语言学, 2016（1）: 93-109, 118.

【英文文献】

[1] DEREWIANKA, B.Using appraisal theory to track interpersonal development in adolescent academic writing[M] // A MCCABE, M O'DONNELL, R WHITTAKER. Advances in language and education.

London: Continuum, 2007.

[2] HANKS, W. F. Metalanguage and pragmatics of deixis[M] // JOHN A. LUCY. reflexive language: reported speech and meta pragmatics. Cambridge: Cambridge University Press, 1993.

[3] HARVEY, A. Charismatic business leader rhetoric: from transaction to transformation[M] // L. YOUNG, C. HARRISON. Systemic functional linguistics and critical discourse analysis: studies in social change. New York: Continuum, 2004.

[4] IDE, S. How and why do women speak more politely in Japanese[M] // S. IDE, N.H. MCGLOIN. Aspects of Japanese women's language. Tokyo: Kuroshio Publishers, 1990.

[5] MARTIN, J.R. Beyond exchange: appraisal systems in English[M] // S. HUNSTON, G THOMPSON. Evaluation in text. Oxford: Oxford University Press, 2000.

[6] MARTIN, J. R., WHITE. P. R. R. The language of evaluation: appraisal in English[M]. New York: Palgrave Macmillan, 2005.

[7] NAKAMURA, M. Woman's sexuality in Japanese female terms[M] // S. IDE, N.H. MCGLOIN. Aspects of Japanese women's language. Tokyo: Kuroshio Publishers, 1990.

[8] PAINTER, C. Developing attitude: an onto genetic perspective on appraisal[J]. Text & Talk, 2003, 23(2): 183–209.

[9] SILVERSTEIN, M. Meta pragmatic discourse and function[M] // JOHN A. LUCY. Reflexive language: reported speech and meta pragmatics. Cambridge: Cambridge University Press, 1993.

[10] STOLLER, R. J. A contribution to the study of gender identity[J]. The International Journal of Psychoanalysis, 1964, 45: 220–226.

[11] WEST, C., ZIMMERMAN, D. H. Doing gender[J]. Gender & Society, 1987, 1(2): 125–151.